ZIMTGEBÄCK UND BRATENDUFT

Rita Kopp

Zimtgebäck und Bratenduft

THORBECKE Winterzauber für zu Hause

BIBLIOGRAFISCHE INFORMATION DER DEUTSCHEN NATIONALBIBLIOTHEK

DIE DEUTSCHE NATIONALBIBLIOTHEK VERZEICHNET DIESE PUBLIKATION IN DER

DEUTSCHEN NATIONALBIBLIOGRAFIE; DETAILLIERTE BIBLIOGRAFISCHE DATEN SIND

IM INTERNET ÜBER HTTP://DNB.D-NB.DE ABRUFBAR.

© 2007 BY JAN THORBECKE VERLAG DER SCHWABENVERLAG AG, OSTFILDERN

WWW.THORBECKE.DE · INFO@THORBECKE.DE

ALLE RECHTE VORBEHALTEN. OHNE SCHRIFTLICHE GENEHMIGUNG DES VERLAGES IST

ES NICHT GESTATTET, DAS WERK UNTER VERWENDUNG MECHANISCHER, ELEKTRO-

NISCHER UND ANDERER SYSTEME IN IRGENDEINER WEISE ZU VERARBEITEN UND ZU

VERBREITEN. INSBESONDERE VORBEHALTEN SIND DIE RECHTE DER VERVIELFÄLTIGUNG

– AUCH VON TEILEN DES WERKES – AUF PHOTOMECHANISCHEM ODER ÄHNLICHEM

WEGE, DER TONTECHNISCHEN WIEDERGABE, DES VORTRAGS, DER FUNK- UND FERN-

SEHSENDUNG, DER SPEICHERUNG IN DATENVERARBEITUNGSANLAGEN, DER ÜBERSET-

ZUNG UND DER LITERARISCHEN ODER ANDERWEITIGEN BEARBEITUNG.

DIESES BUCH IST AUS ALTERUNGSBESTÄNDIGEM PAPIER

NACH DIN-ISO 9706 HERGESTELLT.

GESTALTUNG: FINKEN & BUMILLER, STUTTGART

GESAMTHERSTELLUNG: JAN THORBECKE VERLAG, OSTFILDERN

PRINTED IN GERMANY

ISBN: 978-3-7995-3533-5

VERLAG UND AUTORIN DANKEN HERRN DR. EBERHARD ZINK, DEM LEITER DER AB-

TEILUNG ALTE UND WERTVOLLE DRUCKE DER WÜRTTEMBERGISCHEN LANDESBIB-

LIOTHEK STUTTGART, FÜR SEINE FACHKUNDIGE UNTERSTÜTZUNG.

Inhalt

6 FESTGENUSS UND FESTKULTUR – EINE EINLEITUNG

14 WÄRMENDES FÜR KALTE TAGE: SUPPEN

30 GESUNDES FÜR DEN GAUMEN: SALATE

42 DEFTIGE GENÜSSE

56 FEINE FLEISCH- UND FISCHKÜCHE

66 DESSERTS – SÜSSES FÜR DIE SINNE

78 GEBÄCK – KÖSTLICHES AUS DEM OFEN

96 GETRÄNKE – WÄRME, DIE VON INNEN KOMMT

MENÜVORSCHLÄGE 108 /GLOSSAR 109 /REGISTER DER REZEPTE 110 /
LITERATURTIPPS 112 /DANKSAGUNG 112 /BILDNACHWEIS 112

Festgenuss und Festkultur – eine Einleitung

Ich hätte mir den Tag verderben können, wenn ich mich vorschnell auf Geschenke stimmte, die dann rechtmäßiger Besitz von anderen wurden. Dem zu entgehen, blieb ich auf der Schwelle wie angewurzelt stehen, auf den Lippen ein Lächeln, von dem keiner hätte sagen können, ob der Glanz des Baumes es in mir erweckte oder aber der der mir bestimmten Gaben, denen ich mich, überwältigt, nicht zu nahen wagte. [...] Wenn wir dann [auf dem Nachhauseweg, Anmerkung R.K.], die Sachen fest eingeschlagen und verschnürt im Arm, in die Dämmerung hinaustraten, die Droschke vor der Haustür wartete, der Schnee unangetastet auf Gesimsen und Staketen, getrübter auf dem Pflaster lag, vom Lützowufer her Geklingel eines Schlittens anging, und die Gaslaternen, die eine nach der andern sich erhellten, den Gang des Laternenanzünders verrieten, der auch an diesem süßen Abend die Stange hatte schultern müssen – dann war die Stadt so in sich selbst versunken wie ein Sack, der schwer von mir und meinem Glück war.

WALTER BENJAMIN, BERLINER KINDHEIT UM 1900 (1938)

Die Schilderungen des Publizisten und Philosophen Walter Benjamin, wie ein typischer Heiliger Abend in einer (großbürgerlichen) Berliner Familie verlief, mag uns so manche wichtigen Versatzstücke weihnachtlicher Festkultur in Erinnerung rufen sowie zu einigen Betrachtungen über das Weihnachtsfest Anlass geben.
Leicht erkennbar und aus der weihnachtlichen Tradition nicht wegzudenken ist die Vorfreude des Kindes auf die Bescherung. Mit dieser Erinnerungssequenz beginnt, mit seinem nicht anders als mit »Glück« zu beschreibenden Gefühl auf dem Heimweg endet das Zitat. Dabei sind auch: Das kindliche Staunen über den geschmückten Weihnachtsbaum, die Sprachlosigkeit angesichts der Geschenke und des Lichterglanzes drinnen und draußen, die winterliche Stimmung des Großstadtgetriebes, welche durch den frisch gefallenen Schnee noch unterstrichen wird.

Dass der religiöse Teil des Festes – Christmette, gemeinschaftliches Singen oder Lesen des Evangelientextes – im Zitat ausgespart bleibt, ist vielleicht als moderner Zug dieser Kindheitserinnerung zu sehen, war doch die Assimilation dieser jüdischen Kaufmannsfamilie bereits in der Großvatergeneration vollzogen. So oder ähnlich mag nämlich auch heute die säkularisierte Weihnacht in der Familie begangen werden: als Hort vielfältiger Riten und Gepflogenheiten auf der einen Seite, auf der anderen aber auch wandelbar und dynamisch wie die Gesellschaft selbst, der sie entstammen.

Denn was sind Feste eigentlich und warum gibt es kein gemeinschaftliches Leben ohne Festkultur? Seit es überhaupt Aufzeichnungen aus der Antike oder aus einer frühen Phase der Menschwerdung gibt, wissen wir, dass das Fest seine Entstehung und Wirkung kosmischer wiewohl irdischer Vorgänge verdankt, deren Ordnung es jedes Mal von Neuem bestätigt, sooft es gefeiert wird. Das können Sonnenwendfeiern, Pubertätsrituale, Friedensschlüsse, Hochzeiten oder – wie beim christlichen Weihnachtsfest – die Geburt des Erlösers Jesus Christus sein. Immer sind es Ereignisse von zyklischer Wiederkehr, die den zeitlichen Ablauf des Jahres, ja des menschlichen Lebens in überschaubare Sinnabschnitte gliedern. Wie jene Abläufe, die sich symbolisch in ihnen manifestieren, sind sie durch Anfang, Höhepunkt und Schluss rhythmisch gegliedert. Dabei lernen die Jungen von den Alten: Träger und Raum eines Festes – ob traditionell religiös, ob in modernem Sinne privat motiviert – ist immer eine Gemeinschaft. Das kann ein ganzes Volk, aber auch nur eine Berufsgruppe, eine soziale Schicht oder die Familie sein. Der einzelne Mensch fühlt sich in ihr geborgen und kann sein Dasein in der ausgelassenen Feierstimmung nur noch bejahen. Die integrierende wie repräsentative Wirkung der Feststimmung ist unbestritten und spiegelt sich eben darum in Festzügen, Prozessionen, in Kleiderordnungen, Spielen und nicht zuletzt dem festlichen Essen. Feste stärken die Gemeinschaft, indem sie Abhängigkeitsverhältnisse, beispielsweise von Dienerschaft und Herrschaft, von Kindern und Eltern für begrenzte Zeit aufheben und durchaus gewollt einen gewissen anarchischen Zustand erproben. Nicht alltäglich und Teil einer gewissermaßen rauschhaft empfundenen Festfreude sind auch die integrativen Elemente, welche bei Festen erlebbar sind: Fremde und Gäste werden willkommen geheißen, ihre Anwesenheit festigt die Gemeinschaft der

Was gibt es Schöneres als eine nachmittägliche Kaffee- oder Teerunde im Kreis von Freunden, bei der die heißen Getränke und der leckere Kuchen die Kälte draußen vergessen machen? Das Rezept für den Irish Porter Cake und viele leckere Getränke für eine Kaffeerunde finden Sie im Kapitel Getränke.

Anwesenden eher, als dass sie erschüttert würde. Geschenke und die unmittelbar geteilte Hochgestimmtheit sind Gesten der Zugehörigkeit zu den Feiernden.

Was heute viele vergessen: Feste erfordern manchmal einen ungeheuren Aufwand an Kräften, an schöpferischer Fantasie, an Zeit und Geld. Im Fest selbst bleibt dann hoffentlich genügend Zeit, um den göttlichen Moment – kairos, wie ihn die alten Griechen nannten – in seiner ganzen Intensität zu spüren.

FESTTAGSBEGRIFFE UND -RITUALE DER WEIHNACHTSZEIT

Adventszeit Dem Begriff Advent liegt das lateinische Wort adventus (Ankunft) zugrunde. Kaum bekannt ist, dass der Geburtstag Jesu Christi von der katholischen Kirche erst im 5. Jahrhundert auf den 24. beziehungsweise 25. Dezember gelegt wurde. Die vierzig Tage davor verstand man als eine Zeit des Fastens, der intensiven Einkehr und der guten Werke. Später verkürzte die Westkirche den Advent, der nun erst am vierten Sonntag vor Weihnachten begann.

Weihnachten Kaiser Theodosius erhob das Geburtsfest Christi im Jahr 381 zum Dogma. Etymologische Wurzeln hat das Wort Weihnachten vermutlich in einem mittelhochdeutschen Gedicht des Spruchdichters und Spielmannes Spervogel aus der Zeit um 1190, in der der Begriff – wohl als Übersetzung der lateinischen nox sancta, der Heiligen Nacht, erstmals verwendet wurde:
Er ist gewaltic unde starc,
der ze wîhen naht geborn wart:
daz ist der heilige krist.
Nahezu alle Christen, mit Ausnahme der Armenier, feiern am 25. und 26. Dezember Weihnachten. Eine Reihe orthodoxer Kirchen in Osteuropa zählen jedoch noch nach dem julianischen Kalender, der zwei Wochen »nachgeht«. So feiern die orthodoxen Christen in Russland, Bulgarien, Rumänien, Serbien, Griechenland, Slowenien und der Slowakei am 6. Januar Weihnachten.
Über die generelle Festsetzung des Datums kann nur spekuliert werden: Im heidnischen Glauben, der sich noch über Jahrhunderte nach der Christianisierung Europas hielt, waren die Mittwintertage von Dämonen und Totengeistern bevölkert. Ihnen brachte man zahlreiche Opfer; viele Liebes- und Ernteorakel stehen mit ihrem Einfluss in Verbindung. Die Kirche tolerierte diese Bräuche zwar, versuchte aber, den Dezember in eine positive Zeit der Erwartung umzudeuten.

Adventskranz Der Brauch der am 1. Adventssonntag in Kirchen, Schulen und Privathaushalten aufgestellten Adventskränze ist relativ neuen Datums und stammt aus dem 19. Jahrhundert. Viel älter ist vermutlich jedoch die Sitte, Kränze aus immergrünem Tannen- oder Mistelreis in den Wohnstuben oder im Stall bei den Tieren zum Schutz vor Unheil aufzuhängen. Wie auch der Weihnachtsbaum wurde der kerzengeschmückte Kranz lange Zeit von der katholischen Kirche verboten und setzte sich erst in den 20er Jahren des letzten Jahrhunderts durch.

Weihnachtsbaum Die ersten immergrünen Weihnachtsbäume sind im Oberrheinischen, um Straßburg, ab dem 15. und 16. Jahrhundert bezeugt. Sie wurden noch nicht als private Symbole für Weihnachten verstanden, wie dies heute zumeist der Fall ist. Man erfreute sich an ihnen auf Marktplätzen, in Rats- oder Zunftstuben. Als Behang dienten Nüsse, Backwerk, Äpfel, aber auch künstliche Papierrosen, welche an die Passion Christi erinnern sollten. Besonders für die Kinder waren die süßen Leckereien das Wichtigste und eine harte Geduldsprobe dazu, da der Baum erst nach den Heiligen Drei Königen am 6. Januar geplündert werden durfte.

Krippe Während nördlich der Alpen der festlich geschmückte Baum das symbolische Zentrum von Weihnachten ist, hat in Italien bis heute die Aufstellung der Krippe und der an der Weihnachtsgeschichte beteiligten Figuren eine große, auch kunsthandwerkliche Tradition. Dem Brauch, den Ochsen, den Esel, die Hirten, die Engel, Josef, Maria, die Weisen aus dem Morgenland und schließlich die Futterkrippe mit dem Jesuskind aufzubauen, ging im Mittelalter die szenische Darstellung der Ereignisse in Bethlehem mit lebenden Personen voraus.

Nikolaus Der heilige Nikolaus als Schutzpatron der Armen, der Kinder und der Diebe gilt als der volkstümlichste Heilige der katholischen Kirche. An seinem Namenstag erscheint er in rot-weißer Kostümierung und bringt den Kindern ihrem Verhalten gemäß Geschenke. Er durfte die Kleinen auch in Glaubensfragen examinieren, durfte belohnen oder strafen. Besonders im Alpengebiet trifft man auf Nikoläuse als zottige Schreckensgestalten, die schaurige Namen wie »Krampus«,

Zu einer festlichen Tafel gehören edles Geschirr und feine Servietten, die man zur Weihnachtszeit auch mit Christbaumkugeln verzieren kann.

»Belznikel« oder »Knecht Ruprecht« tragen. Die Gepflogenheit, dass die Kinder Spielzeug geschenkt bekommen, ist höchstens hundert Jahre alt, und auch sie war nur in reichen Haushalten Usus. Davor freuten sich die Kinder über Dörrobst, Nüsse, Äpfel und sogenanntes Kletzenbrot, das heißt Dauergebäck aus Trockenfrüchten, umhüllt von Brotteig.

×××

BIRNENBROT/KLETZENBROT

Früchtebrot aus dem Bergell – für Fans von Trockenobst – würzig – hält sich – braucht etwas Zeit – einfach & preiswert

ZUTATEN (FÜR 3 ROLLEN À 500 G)

Für die Füllung:
250 G DÖRRBIRNEN
125 G GETROCKNETE FEIGEN
50 G ORANGEAT
1 EL ROSINEN
100 G GANZE HASELNÜSSE
1 TL FRISCH GEMAHLENER ZIMT
½ TL NELKEN, GEMAHLEN
1 TL POMERANZENSCHALE (GEWÜRZFACH-HANDEL), ERSATZWEISE ABGERIEBENE BIO-ORANGENSCHALE
2 EL BRAUNER RUM
110 G RÜBENSIRUP (REFORMHAUS)

Für den Teig:
500 G MEHL
1 WÜRFEL FRISCHE HEFE (40 G)
1 EL ZUCKER
200 ML HANDWARME MILCH
2 EIGELB
60 G BUTTER
1 PRISE SALZ

Außerdem:
ETWAS MEHL ZUM AUSROLLEN
1 EIGELB UND 1 EL MILCH ZUM BESTREICHEN

1. Für die Füllung: Die getrockneten Birnen in ¼ l Wasser etwa 5 Minuten weich kochen. Abgießen, auf einem Sieb abtropfen lassen und zusammen mit den Feigen fein würfeln.
2. Orangeat, Rosinen und die ganzen Nüsse mit den Birnen- und Feigenwürfeln mischen. Gewürze, Pomeranzen- oder Orangenschale, Rum und Rübensirup dazugeben, gut mischen und abgedeckt über Nacht bei Zimmertemperatur ziehen lassen.
3. Für den Teig: Mehl in eine Schüssel geben und in die Mitte eine Mulde drücken. Hefe hineinbröckeln und mit Zucker, lauwarmer Milch und wenig Mehl vom Rand der Mulde zu einem Vorteig verkneten. Abgedeckt 10 Minuten in der warmen Küche gehen lassen.
4. Eigelb, weiche Butter und Salz dazugeben und alles zu einem glatten Teig verkneten. Abgedeckt weitere 30 Minuten gehen lassen.
5. Füllung mit der Hälfte des Teiges verkneten. Daraus 3 kleine Brote formen. Restlichen Teig auf einer bemehlten Arbeitsfläche dünn ausrollen (1/2 Zentimeter), dritteln und jedes Brot in eine ausgerollte Teigplatte wickeln.
6. Backblech mit Backpapier auslegen. Teigrollen mit Abstand darauf legen und weitere 30 Minuten aufgehen lassen. Zwischenzeitlich den Ofen auf 180 °C vorheizen.
7. Brote an der Oberfläche mehrmals leicht mit einer Gabel einstechen. Eigelb und Milch verrühren und das Gebäck damit bestreichen.
8. Im vorgeheizten Ofen etwa 40 Minuten goldbraun backen. Brote auf dem Kuchengitter gut auskühlen lassen und mindestens 24 Stunden vor dem Anschneiden in Alufolie gewickelt aufbewahren. Ansonsten in einer Blechdose luftdicht verwahren. Die Brote halten sich 4–6 Wochen.

Schmeckt wie beim mittelalterlichen Nikolaus!

×××

Weihnachtsgebäck Seit Jahrhunderten gehört die Herstellung von Gebäck zu den fest verankerten Gebräuchen der Vorweihnachtszeit. Am berühmtesten sind sicher die Leb- und Pfefferkuchen, die ihren Ursprung in den mittelalterlichen Klosterbäckereien haben. Niemand sonst verfügte über solche Mengen Honig und exotische Spezereien! Der Honig war ein »Abfallprodukt« der Kerzenherstellung, die Sieben- oder Neungewürze, wie man die Lebkuchengewürze noch nannte, wertvolle Waren, die aus dem Fernhandel mit dem Orient stammten. Neben dem Lebkuchen entstanden regionale Spezialitäten, wie Plätzchen (»Gutsle«), Printen, Stollen und Springerle. Aber auch ehemals heidnische Gebildbrote, die freihändig geformte Tiere oder Figuren darstellen, haben bis heute kulinarische Tradition.

Eine Küche zu Beginn des 18. Jahrhunderts: Die Zubereitung der Speisen erfolgt auf dem offenen Feuer; die Küchenmägde füllen den Braten, mörsern Gewürze und rühren in Schüsseln. Eine weitere Magd beschäftigt sich gleichzeitig mit dem Abwasch.

NÄCHSTE SEITEN:

Eine Adelshochzeit im 15. Jahrhundert: Pagen servieren den Gästen erlesene Speisen (Sandro Botticelli, um 1444–1510).

Weihnachtsessen Das Essen am Heiligen Abend war oft bescheiden. Man aß ein Fischgericht, eine Mettensuppe nach dem gemeinsamen Kirchgang oder einen Eintopf vom Gänseklein der für die Festtage geschlachteten Gans. Sowohl die bereits ab August gemästete Gans als auch der rogenreiche Karpfen galten als Zeichen des Wohlstands und sollten ein fruchtbares Jahr verheißen.

Geschenke Christen in aller Welt glauben, dass das Geburtsfest Jesu das Erlösergeschenk Gottes an die Welt sei. Die Weihnachtsgeschenke sind aber auch eine Anspielung auf die Gaben der drei Heiligen Könige aus dem Morgenland – Caspar, Melchior und Balthasar –, welche das Jesuskind mit Gold, Weihrauch und Myrrhe beschenkten. Die Kinderbescherung an Weihnachten wurde besonders von den Reformatoren gefördert, um den katholischen Gabenbringern, dem heiligen Martin, dem Nikolaus und der heiligen Luzia, entgegenzuwirken. Weihnachtsgeschenke für das Gesinde in Form von Naturalien sind seit dem Spätmittelalter verbrieft. Nicht vergessen durfte man Obdachlose und Bedürftige. Erst im 19. Jahrhundert beschenkte man Kinder üppiger, während Weihnachtsgeschenke unter Erwachsenen erst mit dem wachsenden Wohlstand der Nachkriegsjahre üblich wurden.

Wer den vorliegenden Band aufschlägt, findet vielfältige kulinarische Anregungen – althergebracht oder neu interpretiert. Suppen, Salate und deftige Gerichte enthalten Zutaten, die es im Winter in besonders schmackhafter Auswahl gibt. Die Rezepte müssen nicht immer kompliziert sein, um Augen und Gaumen zu erfreuen und eine Tischgesellschaft in Entzücken zu versetzen. Manchmal bedarf es nur einer kleinen Geschmacksnuance, um ein Gericht raffinierter zu machen. Die feine Fisch- und Fleischküche gehört selbstredend zur Festtagsküche, ebenso mag man am Ausklang eines Menüs auf ein abrundendes Dessert nicht verzichten. Dem Gebäck gilt schließlich mein besonderes Augenmerk, weil nichts verlockender riecht als frische Kekse, wenn sie auf dem Kuchengitter auskühlen. Wie war das gleich mit der Anstrengung vor großen Festen? Doch wer sie kennt, weiß auch, warum sie sich lohnt ...

Viel Vergnügen beim Lesen, Backen
und Kochen wünscht Ihnen **Rita Kopp**

Wärmendes für kalte Tage: Suppen

Hätt einer auch fast mehr Verstand
Als wie die drei Weisen aus Morgenland
Und ließe sich dünken, er wär wohl nie
Dem Sternlein nachgereist wie sie;
Dennoch, wenn nun das Weihnachtsfest
Seine Lichtlein wonniglich scheinen lässt,

Fällt auch auf sein verständig Gesicht,
Er mag es merken oder nicht,
Ein freundlicher Strahl
Des Wundersternes von dazumal.
WILHELM BUSCH (1832–1908), DER STERN

Suppe heisset die sehr bekannte, und so wohl Gesunden als Krancken dienliche Löffelspeise, welche entweder schlechthin aus Brod und Wasser (...), ja welche kräftiger, aus Fleischbrühe, Wein, Milch und Bier zubereitet wird, oder vielmahls mit unterschiedenen anderen nahrsamen und gesunden Ingredientien versetzet und verändert werden kann. In dieser ebenso einprägsamen wie umfassenden Definition aus einer Enzyklopädie des 18. Jahrhunderts erfahren wir bereits alles Entscheidende über ein wichtiges Gericht: Eine Suppe kann geschmacklich vielseitig sein, sie enthält gesund erhaltende und zugleich gesund machende Zutaten. Gerade Kranken – das hat man früh festgestellt – tut beispielsweise eine kräftige Fleischbrühe wohl, denn sie beschwert den Magen nicht und ersetzt doch Flüssigkeit und Mineralsalze, die ein fiebernder oder entkräfteter Körper verloren hat. Noch heute haben Suppen daher in der fernöstlichen Medizin eine große therapeutische Bedeutung.

Aber auch in Europa waren Suppen von jeher beliebt. Einer Suppe sehe man an, nein man rieche förmlich sofort, befand der Feinschmecker Alexandre Dumas Mitte des 19. Jahrhunderts, ob man es mit wirklich vornehmen Gaumen und einem wahrhaft fähigen Koch zu tun habe. In der Tat galten die Franzosen schon immer als Suppenesser par excellence. Ihnen verdanken wir die höchst verfeinerten Zubereitungsformen, sei es einer Bouillon, einer Consommé oder Essence bei den klaren Brühen, aber auch bestimmte Techniken des Legierens, das heißt des Bindens mit Ei bzw. Sahne, wenn von kalorienreicheren Veloutés, sogenannten »Samtsuppen«, die Rede ist. Verschiedene Nudelsorten, Suppenbiskuits, Profiteroles oder farblich abgestimmtes Gemüse geben zusammen mit den Suppen, die sie begleiten, ein Gesamtkunstwerk ab, das eine Menüfolge einleitet. Als Vorspeise, zu der sie in der gehobenen Küche immer gehörte, soll die Suppe nur den Appetit anregen, den Magen gleichzeitig angenehm vorbereiten – auf die Genüsse, die noch kommen.

Je ärmer jedoch der Hausstand, die Gegend oder ein Volk, desto mehr lässt sich auch im alltäglichen Sprachgebrauch die synonyme Verwendung von Suppe und Mahlzeit feststellen. Das hat zum einen sicher damit zu tun, dass der kulinarische Übergang zum Eintopf aus zeitlichen sowie materiellen Gründen in prekären Zeiten fließend ist. Sättigende Zutaten, vor allem Brot, ersetzen oft den Hauptgang oder nicht selten die Fleischeinlage, die nun einmal nicht erschwinglich ist. Interessant in diesem Zusammenhang erscheint auch die Tatsache, dass die kulturelle Ausdifferenzierung von Besteck- und Tafelgeschirr erst dann Relevanz besitzt, als Speisenfolgen mit Essen verschiedenster Konsistenz für bestimmte Gesellschaftsschichten zur Norm wurden. Immer dort, wo Not, Krankheit oder Eile herrschen – in der Wohltätigkeitsküche des 19. Jahrhunderts vor allem – hat die Suppe ihren festen Platz. Sie trägt dann weder die Konturen einer bestimmten Nationalküche, noch kann man bestimmte Jahreszeiten an ihren Zutaten erkennen, weil diese oft aus Kartoffeln und Kohl oder Rüben bestehen.

Anders bei den ritualisierten Festsuppen zur Hochzeit, beim Leichenschmaus, unmittelbar nach der Geburt eines Kindes für die Wöchnerin oder als Henkersmahlzeit für den Delinquenten: Bei solch wichtigen Wegmarken menschlichen Lebens war es gewiss etwas ausgesprochen Wohlschmeckendes und mit großer Sicherheit etwas Traditionsreiches, das da auf den Löffel kam.

Was isst man heute für Suppen, zumal wenn es draußen kalt ist? Die wenigsten Menschen können sich heutzutage die Zeit nehmen, sofern sie überhaupt noch täglich kochen, ihre warme

Einfache Kerzengläser lassen sich mit einem dekorativen Band schnell und einfach aufwerten.

Hauptmahlzeit mit einer schmackhaften Suppe einzuleiten. Dem habe ich bei der Auswahl der Suppenrezepte versucht Rechnung zu tragen. Vielfach sind es deshalb Suppen für Gäste oder festliche Gelegenheiten. Hier lohnt der Aufwand allemal, und man kocht sowohl sparsamer wiewohl auch »generationenübergreifender« als mit einer anderen Vorspeise. Ein anderer Hemmschuh: Viele scheuen den Aufwand einer richtigen Fleischbrühe. Dabei macht sie sich beinahe ganz von alleine. Man kann sie portionsweise einfrieren oder einige Tage gekühlt aufheben. So hat man immer eine gute Grundlage für weitere Verfeinerungen. Unverständlich, wieso gerade bei Suppen der Griff zu industriell hergestellten Instantprodukten fast schon die Regel ist. Tütensuppen schmecken nicht nur fast alle gleich, sie sind meist auch überwürzt und bieten, in flüssige Form gebracht, natürlich nicht jenen geheimnisvollen Krafttrunk, der eine gute Suppe ihrem Ruf nach ist.

Lassen Sie sich verführen – von Kindheitserinnerungen an Festtage, an denen es Rinderkraftbrühen gab, aber auch an Brühen, die im Alltag auf dem Herd simmerten und schon von Weitem verrieten, dass man endlich zu Hause angekommen war.

ROTE-BETE-SUPPE

simpel, daher auch für Einsteiger – asiatisch angehaucht mit Wasabi und Zitrone – süß, salzig, sauer und gleichzeitig scharf – bei Winterkälte dampfend heiß serviert, im Hochsommer eisgekühlt als vitalstoffreiche Vorspeise

ZUTATEN (FÜR 4 PERSONEN)

4–5 ROTE BETE (CA. 600 G), VORGEKOCHTE AUS DEM SUPERMARKT VERKÜRZEN DIE ARBEIT ERHEBLICH
3–4 TL WASABIPASTE (JAPANISCHER MEERRETTICH AUS DER TUBE; IM ASIA-LADEN ERHÄLTLICH)
1 BIO-ZITRONE
1 L SELBST GEMACHTE, ENTFETTETE HÜHNERBRÜHE (SIEHE GLOSSAR)
1 PRISE SALZ
2 MEHLIG KOCHENDE KARTOFFELN
200 ML SAHNE
ETWAS FRISCH GEMAHLENER GRÜNER PFEFFER AUS DER MÜHLE

Garnitur:
EINIGE ZITRONENZESTEN UND SCHNITTLAUCH-
RÖLLCHEN

1. Die Rote Bete – sofern roh – in leicht gesalzenem Wasser in 30–40 Minuten weich garen. (Bei fertig gegarten Knollen beginnt erst jetzt der erste Arbeitsschritt!) Inzwischen die Kartoffeln schälen und würfeln. Zitrone heiß abspülen, die Schale dünn abziehen, am besten mit einem Zestenreißer. Einige Zesten für die Garnitur beiseitelegen, die restlichen fein hacken. Die Zitrone auspressen und etwa 3 EL Saft auffangen.
2. Hühnerfond zum Kochen bringen und die Kartoffelwürfel 20 Minuten lang darin weich kochen. Kartoffeln mit einem Schaumlöffel aus der Brühe fischen. Beiseitestellen.
3. Die gekochte Rote Bete etwas auskühlen lassen, dann schälen und grob würfeln. Zusammen mit den Kartoffeln durch eine entsprechende Handpresse drücken. Mit einer Mulinette funktioniert dieser Arbeitsschritt sicherlich auch!
4. Das pürierte Gemüse zurück zur Brühe geben, die man nun unter Rühren wieder langsam erhitzt. Die Sahne ebenfalls zufügen.
5. Suppe nun mit Wasabi, Zitronensaft, Salz und grünem Pfeffer kräftig und scharf abschmecken.
6. Mit Schnittlauch und Zitronenzesten verzieren.

Experimentieren Sie auch einmal mit der Würzvariante Meerrettich (frisch vom Wochenmarkt), Limette und Kresse, anstelle von Wasabi, Zitrone und grünem Pfeffer. Sie erhalten eine Suppe, die der hier vorgestellten an Säuerlichkeit und gesunder Schärfe ähnelt, aber ein effektvoll anderes Aroma besitzt!

xxxxxxxxxxxxxxxxxxxxxxxxxxxxxxxxxxxxxxxxxxxxxxx

xxxxxxxxxxxxxxxxxxxxxxxxxxxxxxxxxxxxxxxxxxxxxxx

PAPRIKASUPPE MIT SESAM-ZIEGENKÄSE
für den alltäglichen Familientisch – appetitanregend & gesund

ZUTATEN (FÜR 4 PERSONEN)
750 G GELBE PAPRIKASCHOTEN
2 ROTE CHILISCHOTEN
2 KLEINE ZWIEBELN
2 EL OLIVENÖL
700 ML GEMÜSEBRÜHE (ODER INSTANTPRODUKT)
1 SPRITZER ZITRONENSAFT
JE 1 PRISE ZUCKER UND SALZ

SCHWARZER PFEFFER AUS DER MÜHLE
120 G ZIEGENFRISCHKÄSE VON DER ROLLE
2 EL SESAMSAMEN

1. Die Paprika- und Chilischoten halbieren, entstielen und entkernen, dabei die Scheidewände entfernen. Schoten waschen und klein schneiden. Vorsichtshalber danach noch einmal gründlich die Hände waschen: Versehentliches Reiben in den Augen kann heftiges Brennen verursachen!
2. Zwiebeln abziehen und fein würfeln. Öl in einem Topf erhitzen und die Zwiebelwürfel glasig anschwitzen. Paprika und Chilies etwa 5 Minuten mitdünsten. Mit warmer Brühe aufgießen, aufwallen lassen, danach die Hitze allmählich reduzieren. Zugedeckt 30 Minuten kochen lassen.
3. Die Suppe mit einem Mixstab sorgfältig pürieren. Mit Salz, Zucker, Pfeffer und Zitronensaft abschmecken. Den Ziegenfrischkäse in 4 gleich große Scheiben schneiden, in Sesam wälzen (den man nach Wunsch vorher fettlos etwas anrösten kann) und jeder Suppenportion dekorativ auflegen.

xxxxxxxxxxxxxxxxxxxxxxxxxxxxxxxxxxxxxxxxxxxxxxx

xxxxxxxxxxxxxxxxxxxxxxxxxxxxxxxxxxxxxxxxxxxxxxx

APFELSUPPE MIT KÜRBIS
festlich – als Entrée in ein französisches Menü – Kinder können mitessen, da der Alkohol verdampft – fruchtig-pikant im Geschmack

ZUTATEN (FÜR 4 PERSONEN)
CA. 500 G HOKKAIDOKÜRBIS
2 KLEINE ZWIEBELN
3 ÄPFEL, Z.B. BOSKOP
50 G BUTTER
200 ML CIDRE (APFELWEIN)
150 ML APFELSAFT (NATURTRÜB)
600 ML GEFLÜGELBRÜHE (SELBST GEMACHT, ENTFETTET)
1 KRÄFTIGE PRISE SALZ, JE NACH GESCHMACK UND WÜRZE DER BRÜHE
¼ TL ZIMT
2 EL ZITRONENSAFT
2 RUNDE ZIEGENFRISCHKÄSE, Z.B. PICANDOU (À CA. 45 G)
3 KRÄFTIGE STIELE GLATTE PETERSILIE
SCHWARZER PFEFFER AUS DER MÜHLE

Die Rote Bete gibt der Rote-Bete-Suppe Farbe und Geschmack, Wasabi und Zitrone verleihen ihr einen Hauch von Exotik.

Kerzen bringen Licht und Wärme in kalte, dunkle Tage.

aromatische Beilage:

ZWIEBELBAGUETTE, IN FEINE SCHEIBEN GESCHNITTEN UND GETOASTET

1. Kürbis putzen, vierteln und Kerne entfernen. Das Kürbisgemüse samt Schale grob würfeln, Zwiebeln und 2 Äpfel ebenfalls in grobe Stücke schneiden.

2. Alles in der Butter kräftig andünsten. Mit dem Apfelwein ablöschen und 5 Minuten einkochen lassen. Apfelsaft und Hühnerbrühe zugeben, mit Salz sowie Zimt abschmecken und weitere 20 Minuten köcheln lassen.

3. Inzwischen den Käse in dünne Scheiben zerteilen. Petersilie grob hacken. Übrigen Apfel bis zum Kerngehäuse mit einem scharfen Gemüsemesser in hauchdünne Scheiben schneiden.

4. Danach die Suppe mit dem Zauberstab fein pürieren. Mit Zitronensaft säuern, eventuell noch einmal nachwürzen.

5. Die Suppe auf vorgewärmte Teller verteilen. Käse- und Apfeltranchen hineingeben, mit der Petersilie und dem frisch gemahlenen Pfeffer bestreuen.

6. Mit frisch getoastetem Zwiebelbaguette heiß servieren.

×××××××××××××××××××××××××××××××××××××××

×××××××××××××××××××××××××××××××××××××××

ITALIENISCHE PILZSUPPE MIT BROT

Aquacotta – italienisches »Armeleuteessen« mit viel Kräuteraroma – kinderleicht – fleischlos

ZUTATEN (FÜR 4 PERSONEN)
300 G FRISCHE STEINPILZE ODER BRAUNE CHAMPIGNONS
2 VOLLREIFE FLEISCHTOMATEN ODER EINE ¾ DOSE TOMATEN, STÜCKIG
2 STANGEN STAUDENSELLERIE
1 ZWIEBEL
4–5 EL OLIVENÖL
1 KNOBLAUCHZEHE
1 L KRÄFTIGE GEMÜSEBRÜHE, SELBST GEMACHT ODER INSTANT
1 EL FRISCH GEZUPFTE THYMIANBLÄTTCHEN ODER ½ TL GETROCKNETER THYMIAN
SALZ, JE NACH WÜRZE DER BRÜHE
1 BUND SCHNITTLAUCH
8 KLEINE SCHEIBEN CIABATTA
50 G FRISCH GEHOBELTER PARMESAN

1. Pilze putzen und in feine Scheiben schneiden. Rohe Tomaten mit kochendem Wasser überbrühen, häuten und Stielansätze entfernen. Fruchtfleisch hacken.

2. Staudensellerie putzen, Zwiebel schälen, beides klein würfeln.

3. In einem Topf das Öl erhitzen, Zwiebel und Selleriewürfel darin anschwitzen. Die Knoblauchzehe schälen und dazupressen. Heiße Gemüsebrühe angießen, die gehackten rohen Tomatenwürfel oder die Dosentomaten hinzufügen. Mit der Hälfte des Thymians sowie mit Salz und Pfeffer würzen. Alles bei offenem Topf 20 Minuten sanft köcheln lassen.

4. Die Pilze in die Suppe rühren, weitere 10 Minuten bei milder Flamme garen.

5. Schnittlauch waschen, trockentupfen und in feine Röllchen schneiden.

6. Weißbrotscheiben unter dem Ofengrill anrösten, eventuell vorher leicht mit Olivenöl bestreichen.

7. Danach auf 4 vorgewärmten Suppentellern verteilen. Die Suppe ein letztes Mal abschmecken und über die Brotscheiben gießen.

8. Mit dem restlichen Thymian, den Schnittlauchröllchen und dem Parmesan appetitlich anrichten.

Buon appetito – das duftet, als wäre der Sommer für einen Moment in Ihre Küche zurückgekehrt!

×××××××××××××××××××××××××××××××××××××××

×××××××××××××××××××××××××××××××××××××××

PILZCREMESÜPPCHEN MIT GRISSINI

herbstlich – für Gäste, aber auch alltagstauglich – gelingt auch Anfängern – mit südlicher Kräuterwürze – als Vorspeise zu Wild

ZUTATEN (FÜR 6 PERSONEN)
1 PACKUNG FERTIGER PIZZATEIG (WER MAG, NIMMT SEIN STANDARDREZEPT UND STELLT DEN TEIG SELBST HER)
25 G PARMESAN, FRISCH GERIEBEN
1 EL FRISCHE ROSMARINNADELN, ETWAS ZERKLEINERT
1 TL FENCHELSAAT
JE 15 G GETROCKNETE STEINPILZE UND PFIFFERLINGE
300 G BRAUNE CHAMPIGNONS
100 G SEHR FEIN GEWÜRFELTE SCHALOTTEN

1–2 KNOBLAUCHZEHEN
3 EL OLIVENÖL
1 L SELBST GEMACHTE, SORGFÄLTIG ENTFETTETE
HÜHNERBRÜHE (SIEHE GLOSSAR)
200 ML SAHNE
SALZ, SCHWARZER PFEFFER AUS DER MÜHLE
3 STÄNGEL BASILIKUM

1. Den Teig in 2 Zentimeter breite Streifen schneiden. Auf ein mit Backpapier ausgelegtes Blech legen. Mit Parmesan, dann mit der Hälfte des Rosmarins und der Fenchelsaat bestreuen. Im vorgeheizten Backofen auf der mittleren Schiene bei 200 °C 10–12 Minuten goldbraun backen.

2. Steinpilze und Pfifferlinge mit 200 ml kochendem Wasser übergießen, danach abkühlen lassen. In ein Sieb geben, die Flüssigkeit auffangen und die Pilze grob hacken. Champignons putzen und vierteln. Zwiebeln klein würfeln. Knoblauch hacken und zusammen mit den Zwiebeln, den drei Pilzsorten und dem restlichen Rosmarin in Olivenöl kräftig andünsten.

3. Mit Hühnerbrühe und Sahne aufgießen, salzen und pfeffern. 15 Minuten leise vor sich hin kochen lassen, dann Suppe mit dem Zauberstab pürieren. Eventuell noch einmal abschmecken. Die Suppe auf vorgewärmten Tellern anrichten. Jede Portion mit einem Basilikumblatt – es darf auch einmal die rote Variante sein – und je zwei Grissini verzieren.

Die Teigstangen kann man ruhig auf Vorrat herstellen, denn sie halten sich in einer verschließbaren Dose 1–2 Monate. So passen sie auch zu typisch italienischen Menüfolgen, wenn man sie als Vorspeise mit San Daniele-Schinken umwickelt.

xxxxxxxxxxxxxxxxxxxxxxxxxxxxxxxxxxxxxxxxxxxxxxxxx

xxxxxxxxxxxxxxxxxxxxxxxxxxxxxxxxxxxxxxxxxxxxxxxxx

MANDELSUPPE

orientalisch – als Vorspeise in einem schwarz-weißen Fest-menü – für Liebhaber des Exotischen – einfach & schnell

ZUTATEN (FÜR 4 PERSONEN)
150 G MANDELBLÄTTCHEN
2 ZWIEBELN
2 KNOBLAUCHZEHEN
2 EL FEINSTES OLIVENÖL
50 ML TROCKENER WEISSWEIN
¾ L SELBST GEMACHTE HÜHNERBRÜHE
(SIEHE GLOSSAR)

Pfifferlinge gehören zu den beliebtesten Speisepilzen und verleihen einem Pilzcreme-süppchen das besondere Aroma.

---

150 ML SAHNE
1 EL MEHL
1 EL ZIMMERWARME BUTTER
SALZ
WEISSER PFEFFER, FRISCH AUS DER MÜHLE

1. 1 EL Mandelblättchen beiseitelegen. Die restlichen in einer beschichteten Pfanne ohne Fett anrösten. Dabei beständig rühren und die Hitze sofort drosseln, wenn die Blättchen Farbe anzunehmen beginnen. Aus der Pfanne nehmen und beiseitestellen.

2. Zwiebeln und Knoblauch schälen und fein hacken. Das Öl in einem Topf mit schwerem Boden erhitzen und beides darin goldbraun anschwitzen. Den Weißwein, die Hühnerbrühe und die Sahne dazugießen; alles bei schwacher Hitze etwa 10 Minuten einkochen lassen.

3. Mehlbutter herstellen. Das geht so: Mehl und weiche Butter mit einer Gabel sorgfältig verkneten. In die kochende Suppe geben und gut verquirlen. Das geht am besten mit einem Schneebesen.

4. Nun die Suppe mit Salz und Pfeffer würzen und vor dem unmittelbaren Aufschöpfen in (vorgewärmten) Suppentassen mit dem Pürierstab auf höchster Stufe aufmixen – so wird sie schön sämig! Die beiseite gestellten Mandelblättchen darüber streuen, die man kurz davor nach Wunsch ebenfalls ganz leicht rösten kann. Das schmeckt köstlich!

Diese Suppe wird Ihnen vielleicht etwas simpel vorkommen. Doch gerade die Einfachheit ihrer Zutaten (Mandeln, Oliven-öl, Geflügelbrühe) weisen sie in dem Kulturkreis, dem sie entstammen, als archaisch aus. Das Einfache daran wird schlichtweg unübertroffen, wenn die Qualität genau dieser Zutaten stimmt. Raffinement erhält die Suppe nämlich durch eine dezent pfeffrige Würze und durch die verschiedenen Konsistenzen, welche den Gaumen bei jedem Löffel um-schmeicheln: das Samtig-Schaumige der Suppe und das Knusprig-Nussige der Mandeln. Wenn Sie sie in dunklen Gefäßen servieren, haben Sie auch die Augen Ihrer Gäste ins kontrastreiche Spiel mit einbezogen!

xxxxxxxxxxxxxxxxxxxxxxxxxxxxxxxxxxxxxxxxxxxxxxxxx

xxxxxxxxxxxxxxxxxxxxxxxxxxxxxxxxxxxxxxxxxxxxxxxxx

SELLERIESCHAUMSUPPE

aphrodisisch? vielleicht … – Alltagskost für Gourmets – mit Pfiff, dabei einfach nachzukochen

ZUTATEN (FÜR 4 PERSONEN)

400 G KNOLLENSELLERIE (UNGEPUTZT)

3–4 STANGEN STAUDENSELLERIE

600 ML GEMÜSEFOND (VON LACROIX ODER
SELBST GEMACHT)

3 SCHALOTTEN

70 G BUTTER

100 ML NOILLY PRAT (FRANZÖSISCHER WERMUT)

200 ML FLÜSSIGE SAHNE

1 KRÄFTIGE PRISE SALZ

1 HAUCH CAYENNEPFEFFER

1 EL ZITRONENSAFT

2 EL RAPSÖL

1 EL BRAUNER ZUCKER

2 GEHÄUFTE EL GESCHLAGENE SAHNE
(VON CA. 150 ML)

1. Schalotten sowie Knoblauch möglichst klein würfeln. Den Knollensellerie ebenfalls putzen, mit dem Messer zerkleinern. Sellerie, Schalotte und Knoblauch in 50 g Butter andünsten.

2. Mit dem Wermut ablöschen, Fond und Sahne dazugießen und bei mittlerer Hitze etwa 25 Minuten bei fast geschlossenem Deckel leise kochen lassen.

3. Zwischenzeitlich den Staudensellerie putzen und in mundgerechte Stücke schneiden. Eventuelle schöne und zart aussehende Blätter kann man als Garnitur beiseitelegen.

4. Die Suppe nun mit dem Stabmixer pürieren und durch ein feines Sieb streichen.

5. Abschmecken. Fehlt Salz? Cayennepfeffer und Zitronensaft müssen auf jeden Fall hinein. Ruhig mehrmals probieren, denn nichts ist schlimmer als eine grobschlächtig abgeschmeckte Cremesuppe!

6. Die Staudenselleriestückchen in heißem Rapsöl anbraten. Dabei mit dem Rohrzucker bestreuen und diesen allmählich karamellisieren lassen.

7. Sahne steif schlagen. 2 gute EL sowie den übrigen Teil der Butter (30 g) unter die Suppe rühren, die man einer besseren Homogenität und Luftigkeit wegen noch einmal kräftig durchmixen kann.

8. Suppe auf warmen Tellern verteilen, die karamellisierten Staudenselleriestücke darauf geben und den Portionen nach Laune mit dem Selleriegrün etwas Farbe verleihen.

Das Selleriesüppchen wärmt von innen und schmeckt winterlich-aromatisch. An Festtagen kann man jede Portion Suppe

mit je einem schmalen Streifen (vorher möglichst dünn geschnittenem) frittiertem Frühstücksspeck garnieren.

xxxxxxxxxxxxxxxxxxxxxxxxxxxxxxxxxxxxxxxxxxxxxxx

xxxxxxxxxxxxxxxxxxxxxxxxxxxxxxxxxxxxxxxxxxxxxxx

KARTOFFEL-APFELSUPPE MIT LACHSTATAR

Weihnachtsvorspeise für die ganze Familie – edel – für Fortgeschrittene

ZUTATEN (FÜR 8 PERSONEN)

Für die Suppe:

750 G GROSSE, MEHLIG KOCHENDE KARTOFFELN

200 G ZWIEBELN

40 G BUTTER

200 ML WEISSWEIN (TROCKEN)

½ L SCHLAGSAHNE

800 ML VOLLMILCH

400 G GEMÜSEFOND (AUS DEM GLAS, MARKE
LACROIX)

4 ÄPFEL (JE CA. 150 G)

1 KRÄFTIGE PRISE SALZ

NEUTRALES PFLANZENÖL ZUM AUSBACKEN

Für den Tatar:

100 G KÜCHENFERTIGER LACHS, OHNE HAUT ODER
GRÄTEN

2 TL SCHWARZER SESAM (NATURKOSTLADEN)

6 STIELE FRISCHER DILL

2 EL ZITRONENSAFT

6 EL OLIVENÖL

1 PRISE SALZ

1. Für die Suppe die Zwiebeln klein hacken. Von 1 Kartoffel 8 dünne Scheiben abschneiden und in kaltes Wasser legen. Restliche Kartoffeln schälen und fein schneiden. Butter in einem Topf zerlassen. Zwiebeln und Kartoffeln darin bei mittlerer Hitze 2–3 Minuten farblos dünsten. Weißwein zugeben und stark einkochen. Mit Sahne, Fond und 400 ml Wasser auffüllen und zugedeckt 25 Minuten kochen. Salzen.

2. Suppe mit dem Zauberstab fein pürieren. 3 Äpfel schälen und das Kerngehäuse entfernen. Fruchtfleisch grob schneiden. Apfelstücke in die Suppe geben und nochmals fein pürieren.

3. Die Kartoffelscheiben aus dem Wasser nehmen, mit Küchenpapier abtupfen. Das neutrale Pflanzenöl in einer kleinen Pfanne erhitzen (fast Frittierhitze von ca. 160 °C). Kartoffelscheiben

Eine Suppe aus Paprika ist schnell gemacht und sorgt im Winter für die nötige Vitaminzufuhr.

darin 1–2 Minuten knusprig goldbraun ausbacken, herausnehmen und auf Küchenkrepp abtropfen lassen.

4. Für das Tatar den Sesam in einer Pfanne fettlos rösten. Vorsicht, das geht schnell! In ein anderes Gefäß umleeren und erkalten lassen. Lachs mit einem scharfen Messer in sehr kleine Würfel schneiden. Die frischen Kräuter fein hacken. Lachs in einer Schüssel mit Sesam, Zitronensaft, Dill und Olivenöl verrühren. Zum Schluss mit Salz würzen.

5. Anrichten: Suppe aufwärmen, eventuell noch einmal aufmixen. Inzwischen den übrig gebliebenen Apfel entkernen und fein würfeln. Die Suppe auf vorgewärmten Tellern anrichten. Die frischen Apfelstücke auf die Suppenteller verteilen. Zur optischen und geschmacklichen Krönung: Den Lachstatar auf die knusprigen Kartoffelscheiben verteilen und in die Mitte jedes dampfenden Tellers setzen. Sofort servieren und genießen!

Christbaumkugeln lassen sich mithilfe von Paillettenschnüren und Bändern ganz individuell gestalten.

×××
×××

NUDELSUPPE MIT FÜNF-GEWÜRZE-HÜHNCHEN

aromatischer Seelentröster – wenn's draußen nasskalt ist – mit Weihnachtsgewürzen – lässt sich problemlos am Vortag vorbereiten

ZUTATEN (FÜR 8 PORTIONEN)

1,5 L SELBST GEMACHTE, ENTFETTETE HÜHNERBRÜHE (SIEHE GLOSSAR)
1 EL STERNANIS
1 EL FENCHELSAMEN
1 ZIMTSTANGE
1 EL ROTER PFEFFER
½ TL GEWÜRZNELKEN
4 HÄHNCHENBRUSTFILETS MIT HAUT
1 FRÜHLINGSZWIEBEL
1 STANGE LAUCH
2 BUND JUNGE MÖHREN
1 STANGE FRISCHES ZITRONENGRAS
4 EL SONNENBLUMENÖL
200 G (ODER NACH GESCHMACK AUCH ETWAS WENIGER) SEHR FEINE NUDELN
SALZ, JE NACH WÜRZE DES HÜHNERFONDS
SCHWARZER PFEFFER AUS DER MÜHLE

1. Sternanis, Zimt, Fenchelsamen, roten Pfeffer und Nelken in einen Mörser geben und grob mahlen. Hühnchenbrust mit der Gewürzmischung einreiben und beiseitestellen.

2. Frühlingszwiebel schälen und in feine Ringe schneiden. Porree und Möhren putzen und ebenfalls zerkleinern.

Tipp: In einer klaren Suppe sehen Julienne-Streifen bei Möhren besonders appetitlich aus!

3. In einem Topf 2 EL Öl erhitzen. Das Gemüse darin ca. 2 Minuten unter Rühren anbraten. Anschließend den fertigen Hühnerfond zugeben und 10 Minuten köcheln lassen.

4. In der Zwischenzeit übriges Öl in einer Pfanne erhitzen. Die Hähnchenbrustfilets darin etwa 7–10 Minuten rundherum goldbraun anbraten.

5. Nudeln in die Suppe geben; sie dürften nach 2 Minuten gar sein. Mit Salz und schwarzem Pfeffer abschmecken.

6. Teller vorwärmen. Hähnchenfleisch in feine mundgerechte Scheiben schneiden. Suppe aufschöpfen und mit den knusprigen Geflügelscheiben servieren.

Diese Suppe schmeckt Groß und Klein!

xxxxxxxxxxxxxxxxxxxxxxxxxxxxxxxxxxxxxxxxxxxxxxxxx

xxxxxxxxxxxxxxxxxxxxxxxxxxxxxxxxxxxxxxxxxxxxxxxxx

THAI-SUPPE MIT JUNGEM GEMÜSE

mit Ingwer und Limette – auf der Basis von klarer Hühnerbrühe – erhellt jeden düsteren (Winter-)Tag – auch als sättigender Hauptgang geeignet – exotisch & gesund

ZUTATEN (FÜR 4–6 PERSONEN)

2,5 L SELBST GEMACHTE HÜHNERBRÜHE (SIEHE GLOSSAR)
10 WEISSE PFEFFERKÖRNER
4 FRISCHE KORIANDERWURZELN
3 SCHALOTTEN, GROB GEHACKT
1 EL SESAMÖL
4 KNOBLAUCHZEHEN, FEIN GEHACKT
1 ROTE CHILISCHOTE (MITTELSCHARF), ENTKERNT UND FEIN GEHACKT
4 ZENTIMETER INGWER, GESCHÄLT UND FEIN GERIEBEN
500 G VERSCHIEDENE GEMÜSE, Z.B. ZUCKERSCHOTEN, FRISCHER SPINAT, GRÜNE BOHNEN, FRISCHE SPARGELSPITZEN, CHINAKOHL UND PAK CHOI GEPUTZT UND GEWASCHEN
SAFT VON 2 LIMETTEN
1 EL HELLE SOJASAUCE (SCHMECKT WÜRZIGER ALS DUNKLE, DAHER VORSICHT MIT SALZ!)
1 EL GROB GEHACKTES KORIANDERGRÜN
3 KAFFIRLIMETTENBLÄTTER, IN SCHMALE STREIFEN GESCHNITTEN (MITTELRIPPE ENTFERNEN)
3 FRÜHLINGSZWIEBELN, GEPUTZT UND IN FEINE RINGE GESCHNITTEN
EVENTUELL GANZ WENIG SALZ

1. Korianderwurzeln, Pfefferkörner, Salz und Schalotten in die Mulinette geben und auf höchster Stufe zu einer pastenartigen Konsistenz verarbeiten.

2. Einen Topf mit schwerem Boden auf mittlere Temperatur erhitzen. Das Öl hineingeben und den Knoblauch unter Rühren darin 1 Minute, braten bis er hellgoldgelb ist. Die Schalottenpaste hinzufügen und ebenfalls gerade so lange anbraten, bis sie aromatisch duftet.

3. Chilischote und die Hälfte des Ingwers dazugeben. Die Zutaten 1–2 weitere Minuten braten – nach dieser Zeit müssten sich die Aromen aufs Angenehmste verbunden haben. Mit der vorbereiteten, möglichst kochend heißen Hühnerbrühe ablöschen und bei kleiner Flamme köcheln lassen. Jetzt duftet es in Ihrer Küche schon angenehm asiatisch!

4. Nun zunächst die härteren Gemüse wie Bohnen oder Pak Choi-Stiele in die Brühe geben und 2 Minuten garen. Dann den empfindlichen Spargel zufügen; er ist ebenfalls in 2 Minuten gar. Erst kurz vor dem Servieren der Suppe die Zuckerschoten, den Chinakohl sowie den Spinat zufügen. Alle Gemüse sollten ihre Vitalstoffe und ihre Bissfestigkeit beim Kochen bewahren.

5. Herd ausschalten. Limettensaft und Sojasauce in die Suppe rühren. Koriandergrün, Kaffirlimettenblätter, Frühlingszwiebeln und den restlichen Ingwer über die Suppe streuen. Suppe sparsam mit Salz abschmecken. Möglicherweise fehlt eher noch etwas Limettensaft oder Sojasauce. Die angenehme Schärfe der Suppe kommt durch den weißen Pfeffer, den Ingwer und die Chilischote zustande, während Gemüse und Geflügelbrühe einen eher süßlich-milden Hintergrund für die anderen fernöstlichen Aromen bilden.

Diese südostasiatische Suppe erscheint kompliziert – sie ist es jedoch nicht einmal in der Besorgung der Zutaten: Diese bekommen Sie inzwischen problemlos in Asia-Läden oder an entsprechenden Ständen großstädtischer Markthallen. Die intensiv nach Zitrone duftenden Blätter des Kaffirlimettenbaumes stellen hier wie auch sonst einen wichtigen Bestandteil thailändischer Suppen, Salate oder Currys dar. Die lorbeerartigen Blätter lassen sich problemlos einfrieren, so dass sie für exotische Gerichte immer zur Hand sind. Gleiches gilt für Korianderwurzeln. Bei der Sojasauce sollten Sie kein Billigprodukt kaufen, da diese häufig Zusatzstoffe, wie z.B. Karamell, enthalten. Auch sie hält sich im Kühlschrank über mehrere Monate.

×××

×××

WIENER SUPPENTOPF

klassische Kraftbrühe – lässt sich problemlos portionieren, vorbereiten und/oder einfrieren – lohnend vor allem für Gäste und große Runden

ZUTATEN (FÜR 6–8 PERSONEN)

4–5 MARKKNOCHEN VOM RIND
2 BEINSCHEIBEN VOM RIND
1 KG OCHSENBRUST
2 ABGESCHABTE PETERSILIENWURZELN MIT
FRISCHEM LAUB DARAN
4 GEPUTZTE KAROTTEN
¼ SELLERIEKNOLLE, GEPUTZT
2 STANGEN GEPUTZTEN LAUCH
1 ZWIEBEL, HALBIERT, JEWEILS MIT 1 NELKE
GESPICKT
3–4 TL SALZ

Als Suppeneinlage:

1 HANDVOLL GANZ FEINE LANGE SUPPENNUDELN
EVENTUELL JUNGE BUNDKAROTTEN
EVENTUELL 1 EL FRISCHER SCHNITTLAUCH
WEISSER PFEFFER AUS DER MÜHLE

1. Alle Zutaten für die Suppe – auch das Brustfleisch – in einen ausreichend großen Suppentopf legen und Wasser hinzufügen, bis alle Zutaten großzügig bedeckt sind. Langsam Hitze zuführen, zunächst den Deckel des Topfes nicht auflegen. Wichtig: Die erste Stunde des Kochens in der Nähe der Suppe bleiben! Die Suppe gelingt zwar in jedem Fall, jedoch entscheidet sorgfältiges Abschöpfen des ausgeflockten Eiweißes (grauer, etwas unansehnlicher Schaum) darüber, ob Sie hinterher eine wirklich klare Brühe haben – oder aber eine mit »Schwebeteilchen«. Dem Geschmack tut dies keinen Abbruch.

2. Ab diesem Arbeitsschritt ist die Herstellung der Brühe ein Selbstläufer, auch energietechnisch: Kocht die Suppe erst einmal, kann man sie auf kleinster Flamme die nächsten 3 Stunden ihrem Schicksal überlassen. Wann die Kochzeit insgesamt (ca. 4 Stunden) um ist, hat man meist im Gefühl. In der Küche riecht es dann einfach »rund« nach Fleischbrühe mit einer guten Portion winterlichem Wurzelgemüse. Beim nun folgenden Abschmecken mit Salz schmeckt es auch so!

3. Mit einem Schaumlöffel werden nun alle ausgelaugten Gemüse-, Knochen- und Fleischreste entfernt. Das kompakte Stück Siedfleisch stelle ich abgedeckt warm.

4. Suppe nun durch ein Baumwolltuch passieren. In einem kleineren Topf als dem Gartopf erneut zum Sieden bringen. Bundmöhren – sofern man diese als Einlage wünscht – putzen und zerkleinern und zusammen mit den Suppennudeln in die Brühe einkochen. Suppe kräftig aufwallen lassen. Nach etwa 6–8 Minuten die Suppe in vorgewärmte Teller schöpfen. Sparsam mit Schnittlauch garnieren. Jeden Teller mit einem kräftigen »Dreher« aus der Pfeffermühle versehen. Fertig!

Tipp: Nachdem die Suppe passiert ist, kann man sie nach Bedarf entfetten. Dies empfiehlt sich besonders vor dem Einfrieren oder wenn die Brühe später für edle Cremesuppen als Fond dient. Das Fett kann man leicht mit sauberem Küchenkrepp entfernen, oder man lässt die Brühe über Nacht an einem kalten Ort stehen – das überflüssige Fett lässt sich anderntags mühelos abschöpfen.

Weiterer Tipp: Aus der meist mageren Ochsenbrust gibt es bei uns den k.u.k.-typischen Hauptgang: Dazu werden in der bereits abgeseihten Brühe fingerlange Möhren und Kartoffeln gegart. (Dafür gibt es dann nur eine Suppe mit Nudeln, die sich als Vorspeise bequem abschöpfen lässt!) Zusammen mit diesem Gemüse und etwas Sahnemeerrettich wird das in Tranchen geschnittene Rindfleisch lauwarm serviert.

×××

Hochzeit auf dem Lande: Den Hochzeitsgästen auf diesem Gemälde von Pieter Brueghel dem Jüngeren (um 1564–1638) wird eine dampfend heiße Suppe serviert.

HÜHNERSUPPE MIT ZANDERRAVIOLI

Festtagssuppe – aufwändig, aber ausgesprochen fein – asiatisch inspiriert – wärmt mit Ingwer und Zitronengras – Ravioli müssen unmittelbar frisch zubereitet werden!

ZUTATEN (FÜR 4–6 PERSONEN)

Für die Suppe:

1,5 L SELBST GEMACHTE KONZENTRIERTE UND SORGFÄLTIG ENTFETTETE HÜHNERBRÜHE (SIEHE GLOSSAR)

Ravioliteig:

2 GANZE EIER
200 G MEHL
1 EL OLIVENÖL
SALZ

Für das Klärfleisch:

3 FRISCHE STÄNGEL ZITRONENGRAS (PULVER-WÜRZE IST KEIN ERSATZ)
1 GEPUTZTE KAROTTE
½ STANGE LAUCH
SAFT UND SCHALE VON 2 LIMETTEN
1 TL SCHWARZE PFEFFERKÖRNER, IM MÖRSER ZERDRÜCKT
3 EIWEISS
30 G GESCHÄLTEN INGWER, FRISCH GERIEBEN
CA. 250 HÄHNCHENBRUSTFLEISCH VON DER POU-LARDE

Füllung für die Ravioli:

200 G ZANDERFILET, OHNE HAUT UND GRÄTEN
2 EL CRÈME FRAÎCHE
1 EIWEISS
SALZ
WEISSER PFEFFER

Garnitur:

1 EL FEIN GESCHNITTENE FRÜHLINGSZWIEBELN

1. Eier, Mehl, Öl und eine kräftige Prise Salz zu einem glatten, geschmeidigen Nudelteig verkneten. Diesen in Folie wickeln und 1 Stunde ruhen lassen.

2. Das Hähnchenfleisch und das Zitronengras in kleine Stücke schneiden und mit der Karotte und dem Lauch durch den Fleischwolf drehen (oder in der Mulinette zerkleinern). Die Fleischmasse mit Limettensaft und -schale, den Pfefferkörnern, 3 Eiweißen und dem geriebenen Ingwer mischen. Die fertige Hühnerbrühe aufs Feuer setzen, die Hähnchenmasse hineingeben. Alles langsam erhitzen. Suppe bei geringer Wärmezufuhr 30–40 Minuten lang mehr ziehen als kochen lassen. Nicht umrühren! Bei diesem Arbeitsschritt – einem klassischen Klärvorgang für sehr feine Suppen – bindet das eiweißreiche Fleisch jegliche Trübstoffe, die darin enthalten sein mögen. Darüber hinaus verstärkt das Klärfleisch den Geschmack der Brühe, gerade wenn ihm noch Gewürze oder Kräuter beigemengt sind. Nach dem Klärvorgang das Fleisch entfernen und die Brühe durch ein Gazetuch in einen anderen Topf umgießen. Bis zum Einkochen der Ravioli warm stellen.

3. Für die Ravioli: Während des Klärvorgangs für die Suppe das Zanderfilet in kleine Stücke schneiden. 10 Minuten ins Tiefkühlfach legen. Herausnehmen und in der Mulinette zusammen mit dem Sauerrahm fein farcieren. Kräftig salzen und pfeffern. Kühl stellen. Den Nudelteig auf einer mit Mehl bestäubten Arbeitsfläche in 2 Portionen zu 2 gleich großen dünnen Teigplatten ausrollen. Die Zanderfarce im Abstand von 2–3 Zentimetern in kleinen Häufchen auf der einen Teigplatte verteilen. Den Teig rund um die Füllung dünn mit dem restlichen Eiweiß bestreichen. Die zweite Teigplatte darüber legen, rund um die Füllung andrücken, so dass Unten und Oben gut zusammenhaften. Nun mit einer gezackten runden Ausstechform Ravioli ausstechen.

4. Bouillon zum Kochen bringen. Zanderravioli einkochen; 4 Minuten lebhaft garen. Abschmecken, eventuell nachsalzen.

5. Sehr heiß auf Suppentassen verteilen und mit den Frühlingszwiebelröllchen garnieren.

Diese Suppe ist zwar ziemlich aufwändig, doch ihr Geschmack lohnt die Mühe allemal. Die Hühnerbrühe lässt sich gut schon am Vortag machen, so dass man für die Fischravioli unmittelbar vor dem Festessen Zeit einplanen kann. Eine solche Vorspeise empfiehlt sich beispielsweise, wenn der Hauptgang ein Ofengericht ist und das Dessert ebenfalls nur noch auf seinen Auftritt wartet.

Die Hühnersuppe mit Zanderravioli ist eine wunderbare Festtagssuppe.

Gesundes für den Gaumen: Salate

L'insalata vuole l'olio da un prodigo, l'aceto da un avaro, il sale da un sapiente, rivoltata da un pazzo e mangiata da un affamato.

Salat will Öl von einem Verschwender, Essig von einem Geizhals, Salz von einem Weisen, will gemischt sein von einem Verrückten und gegessen werden von einem Ausgehungerten.

TOSKANISCHES SPRICHWORT

Seit der Salat den Ruf einer zwar gesunden, doch kargen Fastenspeise auf dem Speisezettel frommer Mönche oder einer unentbehrlichen Küchenzutat gärtnernder Kleinbürger verloren hat, ist noch nicht viel Zeit vergangen. Salate, vor allem Blattsalate, hatten nicht das Prestige eines schönen Stückes Braten, weshalb sich die zum Prunkvollen und Raffinierten neigende Küche an Königshöfen und in großbürgerlichen Haushalten nie besonders viel aus ihnen gemacht hat. Nur in den einfachen Küchen, auf dem Land, pflegte man schon immer die Kultur einer guten, doch einfachen Salatküche. Da hieß es nicht selten, aus der Not eine Tugend zu machen. Dem Klerus diktierte das Kirchenjahr mit seinen unzähligen Fastentagen Mäßigung und Enthaltsamkeit. Wo der Weg zum frischen Salatkopf und zu den Kräutern nicht weit war, darf man also annehmen, dass die Menschen schon immer Salatesser waren. Hinter Klostermauern oder im Bauerngarten wuchsen die grünen Zutaten üppig. Angemacht mit gutem Öl und Essig, mal mit etwas gehackter Petersilie, mal mit Kerbel oder Dill verfeinert, erhielt man aus einer simplen Schüssel Blattsalat einen preiswerten und zugleich gottgefälligen Festschmaus. Wer keinen eigenen Garten hatte, pflückte Wildkräuter. Auch heute noch werden Löwenzahn, Rauke, Melde oder Bärlauch für die Erhaltung der Gesundheit empfohlen.

Wie jedoch die Kulturgeschichte der Salatrezepte genau verlief, muss vielfach im Dunkeln bleiben. Zu weit sind hier regionale und saisonale Gepflogenheiten gestreut. Beobachtenswert ist immerhin die Tatsache, dass Kulturen mit einem hoch entwickeltem Standard vieler verschiedener Öle beziehungsweise einer ganzen Bandbreite aus Säuerungsmitteln – gewonnen aus dem frischen Saft von Zitrusfrüchten, aus verschiedenen Weinen und Mosten – eine äußerst fantasievolle Salatküche zu eigen ist: Gemeint sind vor allem die italienische, spanische, südfranzösische, aber auch die orientalische Küche. Hier wachsen Oliven, Wein, Zitronen und Orangen vor der Haustüre. Ein Salat aus frischem Gemüse, ergänzt durch etwas Käse, Brot oder gegrillten Fisch, bildet hier oft das ganze Mittagessen, das sich die Familie bescheiden, aber entsprechend abwechslungsreich wünscht.

Wenn wir diese Gepflogenheiten heute in Mitteleuropa nachahmen, so tun wir es dem Genuss und der Gesundheit zuliebe. Die ehemals exotischen Zutaten – das Olivenöl, den Balsam- bzw. Sherryessig – finden wir inzwischen in jedem gut sortierten Lebensmittelgeschäft. Sehr spezielle »Salatverfeinerer« gibt es vor Ort. Sie sind beliebte und zugleich haltbare Urlaubssouvenirs.

In den folgenden Rezepten finden Sie vor allem Ideen für den Spätherbst und den Winter: Salate mit Linsen, Meerrettich, Kürbis, Rotkraut, Apfel, Lauch. Manches kommt Ihnen sicher bekannt vor, anderes erscheint Ihnen vielleicht als eine willkommene Variante. Es gibt Salate darunter, die sich nicht an die Jahreszeit zu halten brauchen, andere – wie der Möhrensalat mit geräucherter Gänsebrust – schmecken nur zur Winterzeit. Jedes Rezept hat ein gewisses Etwas, und seien wir einmal ehrlich: Wer seinem eigenen Gaumen beim Abschmecken der Sauce traut, einen Salat frisch und ansprechend zu arrangieren weiß, ist bereits kein Anfänger mehr. Alle anderen verweise ich auf das oben erwähnte toskanische Sprichwort.

Rotbackige Äpfel sind seit jeher mit der Weihnachtszeit verbunden, waren sie doch ein beliebtes Geschenk, vor allem für Kinder. Auch als Kerzenhalter leisten sie gute Dienste.

××

KÜRBIS-ROHKOSTSALAT MIT MEERRETTICH

spätherbstliche Aromen – gesund – zaubert Indian Summer auf den Teller – vegetarisch

ZUTATEN (FÜR 4 PERSONEN)

40 G KÜRBISKERNE
1 EL NEUTRALES PFLANZENÖL
SALZ

80 G ACKERSALAT
500 G ORANGEFLEISCHIGER KÜRBIS, Z.B.
MUSKAT- ODER BUTTERNUSSKÜRBIS
2 ROTE ÄPFEL
100 ML ORANGENSAFT
3–4 EL APFELESSIG
6 EL OLIVENÖL
1 EL MITTELSCHARFER SENF
1 EL FLÜSSIGER HONIG
SCHWARZER PFEFFER AUS DER MÜHLE
8 KLEINE SCHEIBEN BAUERNBROT
80 G BUTTER
2 MINI-BEETE KRESSE
20 G FRISCH GERIEBENER MEERRETTICH

1. In einer beschichteten Pfanne die Kürbiskerne in heißem Öl rösten und salzen. Salat putzen und Kürbis in Spalten schneiden. Kerne entfernen, Schale abschneiden und Kürbisfleisch grob raspeln. Äpfel waschen, abtrocknen, jedoch ungeschält grob raspeln.
2. Alles auf einer Platte anrichten. Orangensaft mit Essig, Öl, Senf und Honig glatt rühren. Salzen und Pfeffern. Salat mit der Vinaigrette beträufeln.
3. Brot mit Butter bestreichen und salzen. Kresse vom Beet schneiden und über den Salat und die Brote streuen.
4. Den Salat mit dem frisch geraspelten Meerrettich bestreuen und sofort servieren.

Für Figurbewusste wird dieser Salat zum schlanken Mittag- oder Abendessen. Ebenfalls beliebt bei Gästen ist er als farbenfroher Zwischengang in einem größeren Menü. Bitte denken Sie daran: Bei eventuellen Kinderportionen lieber auf den Meerrettich verzichten!

xxxxxxxxxxxxxxxxxxxxxxxxxxxxxxxxxxxxxxxxxxxxxxx

TOMATEN-MINZE-SALAT
verlängert den Sommer – marokkanisch – einfach, gesund & schnell – für Anfänger

ZUTATEN (FÜR 4 PERSONEN)
600 G TOMATEN
4 ZWEIGE MINZE
1 SCHALOTTE
4 GETROCKNETE KERNLOSE DATTELN

2 EL ZITRONENSAFT
¼ TL CHILIFLOCKEN
1 KRÄFTIGE PRISE SALZ
SCHWARZER PFEFFER AUS DER MÜHLE
150 G FETA-KÄSE AUS SCHAFSMILCH
3 EL ARGANÖL (REFORMHAUS), ERSATZWEISE OLIVENÖL

1. Die Tomaten halbieren, den Strunk entfernen und die Tomaten in Scheiben schneiden. Von der Minze die Blätter abzupfen und grob hacken. Schalotte pellen, in sehr feine Ringe schneiden. Datteln mit einem Messer ebenfalls zerkleinern.
2. Alle vorbereiteten Zutaten in eine Schüssel geben und mit Zitronensaft, Chili, Salz sowie Pfeffer würzen. Feta zerbröckeln. Mit Arganöl beträufelt servieren.

Dieser optisch ohnehin schon ansprechende Salat kommt auf einer großen Platte aus dunklem Steingut hervorragend zur Geltung. Ebenso gut und stilecht sieht es aus, wenn Sie ihn in Schälchen mit unterschiedlichem orientalischen Dekor servieren. In jedem Fall bilden frische Zitronenachtel die passende Garnierung.

Wussten Sie's?: Arganöl gilt als eines der wertvollsten Öle der Welt. Es wird aus den Früchten des nur in Marokko wachsenden Arganbaumes gewonnen und von Berberfrauen handgepresst. Ähnlich wie Erdnuss- oder Walnussöl nur in kleinen Mengen abgefüllt, ist es entsprechend teuer. Wegen seines hohen Gehalts an Vitalstoffen und seines intensiv nussigen Geschmacks schätzt man Arganöl in der vielfältigen Salatküche Marokkos.

xxxxxxxxxxxxxxxxxxxxxxxxxxxxxxxxxxxxxxxxxxxxxxx

xxxxxxxxxxxxxxxxxxxxxxxxxxxxxxxxxxxxxxxxxxxxxxx

LINSENSALAT MIT BRATWURST
deftig & zünftig – Tradition, modern serviert – Salat zum Sattessen – einfach zu machen

ZUTATEN (FÜR 4 PERSONEN)
200 G BRAUNE LINSEN
100 G ROTE LINSEN (REFORMHAUS ODER GUT SORTIERTES LEBENSMITTELGESCHÄFT)
3 EL SONNENBLUMENKERNE
SALZ
4 EL WEISSWEINESSIG

Kräuteröle lassen sich leicht selber machen und verleihen Salaten die ganz persönliche Note. In einer dekorativen Glasflasche sind Kräuteröle auch ein passendes Gastgeschenk für die Festtage, über das sich sicher nicht nur begeisterte Köche freuen.

1 EL APFEL- ODER QUITTENGELEE; RUHIG ABWECHSELND BEIDES TESTEN, GIBT DEM SALAT JEDES MAL EINE (ANDERE) FEINE WÜRZE
SCHWARZER PFEFFER, FRISCH AUS DER MÜHLE
1 BUND SCHNITTLAUCH
1 BUND PETERSILIE
1 EL DIJON-SENF, MITTELSCHARF
100 ML SONNENBLUMENÖL
ÖL FÜR DIE BRATWÜRSTE
2 EL SAUERRAHM
100 G JUNGER BLATTSALAT, Z.B. PORTULAK
1 SALATGURKE
4 THÜRINGER BRATWÜRSTE, VOM »METZGER IHRES VERTRAUENS«

1. Linsen separat in Salzwasser weich kochen. Und zwar: braune Linsen 20–30 Minuten lang, rote Linsen 10 Minuten lang. Fertige Linsen abgießen und abschrecken.
2. Inzwischen für die Sauce die Sonnenblumenkerne in einem kleinen Topf – fettlos – rösten, bis sie duften. Mit Essig ablöschen, Gelee zugeben, von der Kochstelle ziehen. Mit Salz und Pfeffer kräftig würzen.
3. Kräuter waschen, trockenschütteln. Schnittlauch in feine Röllchen schneiden, Petersilienblätter fein hacken. Kräuter, Senf, Öl und Sauerrahm unter die Sauce mengen. Am besten geht dies mit einem kleinen Schneebesen. Abschmecken und beiseitestellen.
4. Blattsalat waschen, trockenschleudern und in mundgerechte Stücke teilen. Gurke schälen, halbieren, die Kerne auskratzen und die Gurke klein würfeln.
5. Bratwürste in heißem Öl von beiden Seiten je 6–7 Minuten anbraten.
6. Linsen, Sauce, Salat und Gurkenwürfel mischen und mit den Bratwürsten servieren.

xxxxxxxxxxxxxxxxxxxxxxxxxxxxxxxxxxxxxxxxxxxxxx

xxxxxxxxxxxxxxxxxxxxxxxxxxxxxxxxxxxxxxxxxxxxxx

MÖHRENSALAT MIT GERÄUCHERTER GÄNSEBRUST

fein & farbenfroh – für die Festtage – Vorspeise oder kleines Abendessen – für Genießer

ZUTATEN (FÜR 4 PERSONEN)
350 G BUNDMÖHREN
1 CHICORÉE

100 G GERÄUCHERTE GÄNSEBRUST AM STÜCK
10 WALNUSSKERNE
4 EL OLIVENÖL
2 STIELE THYMIAN
2 EL QUITTENGELEE
3 EL ZITRONENSAFT
4 EL WALNUSSÖL
2 EL MITTELSCHARFER DIJON-SENF
½ BUND SCHNITTLAUCH
JE 1 KRÄFTIGE PRISE SALZ FÜR DIE MÖHREN
SOWIE FÜR DIE SALATMARINADE
WEISSER PFEFFER AUS DER MÜHLE
½ BIRNE

1. Möhren putzen, längs halbieren und in ca. 5 Zentimeter lange Stücke schneiden. Mit Salz, Pfeffer, Thymian und Olivenöl in eine feuerfeste Form geben und mischen. Möhren im vorgeheizten Ofen bei 175 °C auf der mittleren Einschubleiste 25–30 Mi-nuten garen. Nüsse in einer kleinen, ebenfalls backofentauglichen Form 10 Minuten danebenstellen und mitrösten.
2. Fett von der Gänsebrust entfernen und das Fleisch in feine Tranchen schneiden. Gelee, Senf, Zitronensaft, Walnussöl, Salz und Pfeffer glatt rühren. Abgekühlte Walnusskerne grob hacken. Schnittlauch in Röllchen schneiden. Chicorée putzen und in Streifen schneiden. Birne entkernen und mit einem scharfen Messer ebenfalls in dünne Scheiben schneiden. Alles vorsichtig mit den Möhren mischen, lauwarm servieren.

Dieser festliche und optisch ansprechende Salat eignet sich beispielsweise als Einstieg in ein leichtes Menü an Heiligabend. Es finden sich darin die typischen Aromen von Winter und Spätherbst, unterstrichen von der mediterranen Würze des Thymians – mit dem Sie gleichwohl nicht übertreiben dürfen, wenn das intensiv schmeckende Kraut die Balance aus Süße, Herbheit, nussigem Geschmack und angenehmer Säure nicht überlagern soll.

Tipp: Der Salat eignet sich schon deshalb für den Auftakt in die Festtage, weil die Bundmöhren dann auf jeden Fall noch marktfrisch sind. Dies ist ganz entscheidend für den Wohlgeschmack und die Verarbeitung dieses Gemüses!

SPINAT MIT ROSINEN UND PINIENKERNEN

spanisch, aus Katalonien – lauwarm – exotisch, aber nicht zu sehr – einfach – für Menschen, die Rohkost schlecht vertragen, aber auf einen gesunden Salat nicht verzichten wollen

ZUTATEN (FÜR 4 PERSONEN)

1 KG JUNGER, FRISCHER SPINAT (TIEFKÜHLWARE EMPFIEHLT SICH HIER NICHT)
75 G ROSINEN
100 G SERRANOSCHINKEN (ERSATZWEISE EIN ANDERER LUFTGETROCKNETER SCHINKEN)
SALZ
2 KNOBLAUCHZEHEN
4 EL OLIVENÖL
50 G PINIENKERNE
SCHWARZER PFEFFER, FRISCH GEMAHLEN

1. Die Rosinen in einer Tasse mit lauwarmem Wasser bedeckt einweichen. Den Schinken fein würfeln.
2. Den Spinat gründlich waschen und tropfnass mit etwas Salz in einen großen Topf geben. Die Knoblauchzehen schälen, halbieren und untermischen. Das Gemüse mit geschlossenem Topfdeckel bei mittlerer Hitze innerhalb von 5 Minuten zusammenfallen lassen. Die Knoblauchzehen, die nur eine leichte Würze geben sollen, wieder entfernen.
3. Das Öl in der Pfanne erhitzen und die Schinkenwürfel darin 2–3 Minuten anbraten. Die Pinienkerne hinzufügen und unter Rühren goldbraun werden lassen.
4. Die Rosinen in ein Sieb abgießen, abtropfen lassen und hinzufügen.
5. Den Spinat mit den Händen ausdrücken und ebenfalls in die Pfanne geben. Alles gründlich mischen, mit Salz und Pfeffer nach Belieben abschmecken.
6. Noch lauwarm mit frischem Brot serviert, ist dieser Salat ein besonderer Genuss.

Tipp: »Planen« Sie diesen Salat nicht! Machen Sie Ihn dann, wenn Sie am Ende des Winters spontan auf dem Wochenmarkt jungen Spinat entdecken. Er muss kaum verlesen werden – macht also praktisch keine Arbeit – und ist mit seinen weichen Blättern ein echter Gaumenschmeichler. Daher macht ihm hier die Tiefkühlware keine Konkurrenz.

Feldsalat wird auch Rapunzel oder Mäuseöhrlein genannt.

ORANGENSALAT

orientalisch – im Winter wärmstens zu empfehlen, da vitaminreich – edler Appetitanreger – ein Schmaus für Augen & Gaumen

ZUTATEN (FÜR 6 PORTIONEN)

4 GROSSE ORANGEN, AM BESTEN BIO
1 ROTE ZWIEBEL
75 G ENTSTEINTE SCHWARZE OLIVEN
1 TL DIJON-SENF
1 KRÄFTIGE PRISE SALZ
FRISCH GEMAHLENER SCHWARZER PFEFFER
1 EL WEISSER BALSAMICO-ESSIG
3 EL OLIVENÖL
½ SAFTORANGE (SOLLTE 3 EL SAFT ALS WÜRZE FÜR DIE VINAIGRETTE ERGEBEN)
½ BUND ROTES BASILIKUM (EVENTUELL BEIM GÄRTNER BESTELLEN!)

1. Für die Vinaigrette: Senf, Salz, Pfeffer und Essig verrühren. Frisch gepressten Orangensaft unterrühren. Dann das Öl in einem feinen Strahl mit einem kleinen Schneebesen unterschlagen.
2. Basilikum abbrausen, trockenschütteln und die Blättchen abzupfen. Salatsauce und Kräuter beiseitestellen.
3. Für den Salat: Orangen dick abschälen, so dass die weiße Haut vollständig entfernt wird. Dieser Arbeitsschritt geht Ihnen am besten von der Hand, wenn Sie ein sehr scharfes Messer benutzen: Der Schnitt wird jedes Mal glatt und das Obst verliert kaum Saft. Außerdem bleiben die Orangen ansehnlich.
4. Orangen nun in nicht zu dünne Scheiben schneiden.
5. Zwiebeln abziehen, in feine Ringe schneiden.
6. Orangenscheiben, Zwiebelringe und Oliven auf einer Servierplatte dekorativ anrichten.
7. Die Salatsauce gleichmäßig über die Salatzutaten träufeln. Der Salat darf nun 15 Minuten bei Zimmerwärme durchziehen.
8. Erst kurz vor dem Servieren mit dem roten Basilikum verzieren.

Dieser edle Salat eignet sich bestens als Vorspeise, wenn Sie an den Festtagen ein orientalisches oder spanisches Menü kochen wollen. Sind noch andere »Mezze« bzw. »Tapas«

vorgesehen – z.B. eingelegtes Gemüse, Fisch oder Meeresfrüchte – bietet der Orangensalat eine willkommene Abwechslung und kann auch problemlos auf die Hälfte der hier angegebenen Mengen reduziert werden.

×××××××××××××××××××××××××××××××××××

KRABBENSALAT MIT APFEL

nach einem feucht-fröhlichen Abend – pikant und süßlich – kräuterwürzig – schnell

ZUTATEN (FÜR 4 PORTIONEN)

125 G SPEISEQUARK (20 PROZENT FETT)
50 G SALATMAYONNAISE
50 G GEWÜRZGURKE
1 ROTE ZWIEBEL
3 STÄNGEL KERBEL
SALZ
SCHWARZER PFEFFER
1–2 EL FRISCH GEPRESSTER ZITRONENSAFT
200 G FRISCHE NORDSEEKRABBEN (GESCHÄLT)
1 KLEINER SÄUERLICHER APFEL
1 BEET KRESSE

1. Quark und Mayonnaise verrühren. Gewürzgurke fein würfeln. Zwiebel pellen und ebenfalls fein würfeln. Kerbel waschen, trockenschleudern. Blättchen abzupfen und hacken.
2. Gurke, Zwiebel und Kerbel unter die Quarkmischung heben. Mit Salz, Pfeffer und Zitronensaft würzen. Krabben unterheben.
3. Den Apfel waschen, vierteln und das Kerngehäuse herausschneiden. Apfel in sehr kleine Würfelchen schneiden, unter den Krabbensalat rühren. Kresse mit der Haushaltsschere vom Beet schneiden und über den Salat streuen. Sofort servieren! Nach Wunsch mit Zwiebelstreifen oder -ringen garnieren.

Sie suchen nach einem unkomplizierten Katerfrühstück? Hier ist es, und die Zutaten, an die Sie bloß im Vorfeld schon denken müssen, überstehen die Festtage bestens in Speisekammer, Kühlschrank und auf der Fensterbank ... Dazu passen übrigens Pumpernickel oder Knäckebrot – also Vorratsprofis ganz unter sich!

×××××××××××××××××××××××××××××××××

×××××××××××××××××××××××××××××××××××××××

BROTSALAT

»Fattusch«: Spezialität aus Syrien – schmeckt im Winter nach Sommer – mit nordafrikanischen Aromen – für Vegetarier – passt in den Alltag, aber auch auf Partys

ZUTATEN (FÜR 4 PERSONEN ZUM SATTESSEN)

1 FLADENBROT (TÜRKISCHER LEBENSMITTELFACHHANDEL)
3 VOLLREIFE TOMATEN
1 GRÜNE PAPRIKASCHOTE
1 KLEINE SALATGURKE
1 GROSSZÜGIGE HANDVOLL BLATTSALAT
(PORTULAK, ROMANA, IM SOMMER GANZ JUNGER LÖWENZAHN)
1 BUND GLATTE PETERSILIE
¼ BUND MINZE
2 KNOBLAUCHZEHEN
1 BUND FRÜHLINGSZWIEBELN
6 EL ZITRONENSAFT
6 EL OLIVENÖL
1 TL SUMACH (GEWÜRZEFACHHANDEL)
SALZ UND SCHWARZER PFEFFER NACH GESCHMACK

1. Den Backofen auf 250 °C oder den Backofengrill vorheizen. Das Fladenbrot einmal quer durchschneiden. Die Hälften mit der Schnittfläche nach oben auf den Rost legen. Dieser sollte in der Mitte des Backofens, also auf der mittleren Einschubleiste, eingesetzt sein.
2. Bei dieser relativ hohen Temperatur das Brot nun 5–7 Minuten schön knusprig werden lassen.
3. Brot herausnehmen und abkühlen lassen. Nach dem Abkühlen in mundgerechte Stückchen brechen.
4. Das Gemüse waschen. Bei den Tomaten die Stielansätze entfernen, bei der Paprika Stiel, Kerne und Trennhäutchen. Gurke schälen, Blüten- und Stielansatz wegschneiden. Tomaten, Paprika und Gurke in kleine Würfel schneiden.
5. Salat verlesen, putzen, waschen und schleudern. Kräuter waschen und ebenfalls trockenschleudern. Blättchen abzupfen und fein hacken.
6. Knoblauch schälen und sehr klein schneiden. Von den Frühlingszwiebeln die Wurzelbüsche und das dunkelgrüne Laub abschneiden. Das Gemüse in feine Ringe schneiden.

Früher vor allem eine Fastenspeise sowie Gericht armer Leute, ist Salat in seinen vielfältigen Formen heute unentbehrlicher Bestandteil der gesunden Küche.

7. Zitronensaft mit Olivenöl, Sumach, Salz sowie Pfeffer verrühren. Knoblauchstücke zufügen.

8. Die vorbereiteten Zutaten – am besten in einer großen Schüssel – mit der Sauce begießen. Das geröstete Brot und die Kräuter nicht vergessen! Den fertigen Salat 30 Minuten durchziehen lassen. Eventuell vor dem Servieren noch einmal abschmecken.

Dieser Salat gelingt selbst Anfängern. So gerne er bei Salatbüffets genommen wird: Machen Sie ihn erst an, wenn die Gäste bereits da sind; erfahrungsgemäß dauert es bis zum Beginn des Essens immer noch ein Weilchen – nämlich genau die Zeit, bis der »Fattusch« durchgezogen hat.

××××××××××××××××××××××××××××××××××

××××××××××××××××××××××××××××××××××

ROTKOHL-PREISELBEER-SALAT

winterlich – für Rohkostfans, die raffinierte Abwechslung lieben – passt gut zum Wildbraten – muss gut durchziehen

ZUTATEN (FÜR 4 PERSONEN)

500 G ROTKOHL
1 MILD-SÄUERLICHER APFEL
1 EL ZITRONENSAFT
4 EL PREISELBEERKOMPOTT AUS DEM GLAS
2 EL HIMBEERESSIG
4 EL WALNUSSÖL
1 PRISE SALZ
SCHWARZER PFEFFER AUS DER MÜHLE
1 HAUCH GEMAHLENE NELKE (VIEL WENIGER ALS EINE »PRISE«)
3 WALNUSSKERNE

1. Rotkohl vierteln, Strunk entfernen. Den Kohl waschen und in feine Streifen hobeln. Mit einem scharfen Gemüsemesser erreichen Sie das gleiche Ergebnis. Apfel waschen, vierteln und das Kerngehäuse herausschneiden. Die Viertel in feine Stifte schneiden und sofort mit dem Zitronensaft marinieren – so bleiben sie schön weiß!

2. Preiselbeerkompott mit Essig und Walnussöl gut verquirlen und mit Salz, Pfeffer und Nelken würzen. Das Dressing mit dem Kohl und dem Apfel mischen und etwa 30 Minuten durchziehen lassen. Vor dem Servieren die Walnusskerne grob hacken und über den Salat streuen.

××××××××××××××××××××××××××××××××××

××××××××××××××××××××××××××××××××××

SHERRY-VINAIGRETTE

für gemischte Blattsalate je nach Marktangebot (Kopfsalat, Frisée, Radicchio) – unübertroffener Klassiker in meiner Küche – raffiniert & edel

ZUTATEN (FÜR 4 PERSONEN)

½ EL ROTWEINESSIG
½ EL SPANISCHER SHERRY-ESSIG (FEINKOST-HANDEL)
3 EL FEINSTES OLIVENÖL
2 EL SELBST GEMACHTE HÜHNERBRÜHE, ETWAS ERHITZT
1 PRISE SALZ
WEISSER PFEFFER AUS DER MÜHLE
1 SEHR FEIN GESCHNITTENE FRÜHLINGSZWIEBEL (NUR DAS WEISSE)
½ SEHR FEIN GEHACKTE KNOBLAUCHZEHE

1. Aus den genannten Ingredienzien eine Vinaigrette anrühren. Den gemischten Blattsalat, der zumindest im Sommer aus dem Freiland sowie aus biologischem Anbau kommen sollte, waschen, verlesen und trockenschleudern.

2. In einer großen, dekorativen Schüssel mit der Vinaigrette anmachen.

Der dem Geschmack und dem Aussehen nach puristische Salat passt am allerbesten zu Rindersteak oder gegrilltem Hähnchen aus dem Ofen mit selbst gemachten Pommes frites.

Tipp: Wie kann man diesen Salat noch toppen? Ganz einfach mit Croutons!! Während das Kurzgebratene seine 10 Minuten zum Durchziehen im Backofen ruht, entrinde ich 2 Scheiben (frisches) Weißbrot. Dann schneide ich das Brot in sehr kleine Würfelchen. Die Größe ist dabei natürlich Geschmackssache. In einer beschichteten Pfanne erhitze ich ca. 30 g Butter und brate die Weißbrotwürfel unter ständigem Wenden kross. Sie kommen nun in ein hübsches Schälchen, so dass sich jeder bei Tisch selbst davon bedienen kann. Allein ihr buttriger Duft macht sie unwiderstehlich und entschädigt für die vergleichsweise kleine Mühe.

××××××××××××××××××××××××××××××××××

Möhren beziehungsweise Karotten sind lange Zeit lagerfähig und daher traditionell Bestandteil der Winterküche – als Rohkost im Salat, in Form von Gemüse oder als Bestandteil wärmender Wintereintöpfe.

LAUCH IN VINAIGRETTE

fürs Heilig-Abend-Büffet – auch für Ungeübte – braucht etwas Zeit

ZUTATEN (FÜR 6 PERSONEN)

6 SCHMALE LAUCHSTANGEN, AM BESTEN BIO
3 EL GROBES MEERSALZ
150 ML GEFLÜGELFOND, SELBST GEMACHT
2 EL WEISSWEINESSIG
JE 1 TL ZUCKER, SALZ, GROB GERIEBENER
SCHWARZER PFEFFER
6 EL OLIVENÖL
50 G ENTSTEINTE SCHWARZE OLIVEN
50 G GETROCKNETE TOMATEN IN ÖL
3 EL GEHACKTE GLATTE PETERSILIE
50 G GROB GEHOBELTER PARMESAN

1. Am Vorabend im Tiefkühlfach Eiswürfel für das Eiswasser herstellen. Nun geht's los: Lauch putzen, waschen. In einem großen Topf reichlich Wasser mit Meersalz aufkochen. Lauchstangen 8 Minuten lang weich garen. Gemüse herausheben, im bereitgestellten Eiswasser abschrecken. So behalten die grünen Ansätze ihre lebhafte Farbe.

2. Den Lauch auf Küchenkrepp abtropfen lassen, dabei das Gemüse leicht pressen, damit möglichst kein Wasser mehr an ihm haftet.

3. Die Geflügelbrühe in einem Topf auf die Hälfte reduzieren. Aus Fond, Essig, Zucker, Salz, Pfeffer und Öl eine Vinaigrette anrühren.

4. Oliven und getrocknete Tomaten fein würfeln, zerkleinerte Petersilie zufügen. Alles der Salatsauce beifügen. Lauch in ca. 8 Zentimeter lange Stücke schneiden, diese der Länge nach halbieren und mit der Schnittfläche nach oben auf eine Platte legen.

5. Die Lauchstücke mit der bunten Vinaigrette begießen und mit gehobeltem Parmesan bestreuen.

Zu diesem mediterranen Salat passt frisches Weißbrot.

Etwas ungewöhnlich, dafür umso schmackhafter ist der Salat aus Lauch in Vinaigrette.

Deftige Genüsse

Wenn der Schnee ans Fenster fällt,
Lang die Abendglocke läutet,
Vielen ist der Tisch bereitet
Und das Haus ist wohlbestellt.

Mancher auf der Wanderschaft
Kommt ans Tor auf dunklen Pfaden.
Golden blüht der Baum der Gnaden
Aus der Erde kühlem Saft.

Wanderer tritt still herein;
Schmerz versteinerte die Schwelle.
Da erglänzt in reiner Helle
Auf dem Tische Brot und Wein.
GEORG TRAKL (1887–1914), EIN WINTERABEND

Was versteht man eigentlich unter deftigem Essen? Ist damit alles Herzhafte gemeint? Aber was ist das wiederum? Sicher nicht die Auswüchse großstädtischer Schnellimbissketten oder industrieller Instantware, die immer mehr Regale der Supermärkte okkupieren. Freilich würde man einen zünftigen Kartoffelsalat oder einen Bohneneintopf mit Speck nicht auf der Karte eines sogenannten Feinschmeckerlokals antreffen – einfach aus dem Grund, weil deftiges Essen häufig mit dominanten Geschmackskomponenten aufwartet. Gerade in der feinen Küche ist aber der Gaumenreiz von Gang zu Gang, von Gewürz zu Gewürz erwünscht, und dies in einer Speisenfolge, welche die Sinne – allen voran die Augen – wach halten soll. Der natürliche Sättigungseffekt wird dabei fast zur Nebensache: Der Koch zögert ihn geschickt hinaus.
Nichtsdestotrotz gibt es seit einiger Zeit bei Sterneköchen und ihrem Publikum den auffälligen Trend, Versatzstücke deftigen Essens in der gehobenen Küche salonfähig zu machen. Warum dies? Ganz einfach, weil sich darunter alle Zubereitungsarten zusammenfassen lassen, die Lebensmittel eine angenehme Ursprünglichkeit belassen, ob geschmacklich oder dem Aussehen nach. Oft – besonders bei Eintöpfen – gehen dem genussvollen Verspeisen lange Garzeiten sowie eine große Menge von Zutaten voraus. Beides sind hier die Garanten für einen vollendeten Geschmack. Was früher häufig aus der Not geboren war, nämlich eine Mahlzeit, die nach schwerer körperlicher Arbeit sättigte, die wärmte, von Kleinkindern wie auch von Greisen gut gegessen werden konnte und die sich fast »von alleine« machte, hat heute nostalgischen Charakter. Kostbare Vorräte aus der winterlichen Speisekammer sind ja eigentlich eine kulturgeschichtliche Notlösung und in einer Überflussgesellschaft kaum noch vorhanden. Es fehlen nämlich sowohl der wohltemperierte Gewölbekeller zur Lagerung als auch die Kenntnisse, wie das Konservieren bestimmter Lebensmittel eigentlich geht. Gerade aber das Sauerkraut, das Trockenfleisch, die Würste und der Speck vom Schwein, der Vorrat an Bohnen und Zwiebeln bilden die Grundlagen vieler zünftiger Rezepte. Andere wiederum basieren auf altbewährtem Wurzel- oder Knollengemüse, das man, zumindest auf dem Land, in sogenannten »Mieten« recht lange überwintern konnte.
Wie macht man Wildfleisch haltbar? Vielleicht in einer schmackhaften Terrine! Oder wie verwöhnt man eine größere Runde von Muschelfans? Hier wäre vielleicht der kreolische Fischeintopf mit Kürbis genau passend. Schon möglich, dass Sie bei Deftigem vor allem an die würzigen Aromen von Lorbeer, Piment, Nelken und Wacholder denken: In der folgenden Zusammenschau herzhafter Rezepte finden Sie alle wieder – nur dass ich mir manches Mal eine kleine Veredelung erlaubt habe ... Probieren Sie einfach aus, wonach Ihnen das Herz, pardon, der Gaumen steht!

Mit Nelken gespickte Orangen sind äußerst dekorativ und verbreiten einen wunderbaren Wohlgeruch im Haus.

×××

SCHWARZWURZEL-KARTOFFEL-EINTOPF
für einen nasskalten Abend – auf den ersten Blick deftig, auf den zweiten edel – einfach & gelingsicher

ZUTATEN (FÜR 4–6 PERSONEN)
Eintopf:
800 G RINDERBEINFLEISCH
100 G ZWIEBELN
1 BUND SUPPENGRÜN
1 LORBEERBLATT
100 G BAUCHSPECK (NICHT ZERKLEINERT)

Scorzonera et Viperaria. { 1-7. Blüthe / 8.9. Saame / 10. Blätter u. Wurzel } Scorzoneren Schlangen-Mord.

3 PORREESTANGEN

700 G SCHWARZWURZELN

½ KG KARTOFFELN

100 G ROTE LINSEN (REFORMHAUS)

5 PIMENTKÖRNER

6 SCHWARZE PFEFFERKÖRNER (IM MÖRSER ZERDRÜCKT)

SAFT VON 1 ZITRONE

150 ML TROCKENER WEISSWEIN

1 KRÄFTIGE PRISE ZUCKER

1 GESTRICHENER TL SALZ

EIN HAUCH FRISCH GERIEBENER MUSKAT

4 ZWEIGE FRISCHER THYMIAN

Mandelvinaigrette:

1 EL MANDELBLÄTTCHEN

5 STIELE GLATTE PETERSILIE

6 EL HOCHWERTIGES OLIVENÖL (FRUCHTIG)

2 EL APFELESSIG

JE 1 PRISE SALZ UND ZUCKER

1 TL ABGERIEBENE SCHALE VON 1 BIO-LIMETTE

Die Wurzeln der Schwarzwurzel dienen im Winter auch als Gemüse und haben der Pflanze den Namen Winterspargel verliehen.

1. Für die Rinderbrühe die Zwiebeln mit Schale halbieren und die Schnittflächen in einer Pfanne ohne Fett solange rösten, bis sie leicht gebräunt sind. Suppengrün putzen, waschen, schälen und grob zerschneiden. Einen großen Topf mit 3 l Wasser füllen und zum Kochen bringen. Fleisch, Speck, Zwiebeln, Suppengrün, Lorbeer, Pfeffer und Piment zugeben und offen bei milder Hitze 2 Stunden leicht kochen lassen. Nicht vergessen: In der ersten Stunde der Garzeit mit einem Schaumlöffel gelegentlich Trübstoffe von der Oberfläche abschöpfen. Kurz vor Ende der Garzeit mit Salz würzen. 1,5 l Fond durch ein Sieb in einen anderen Topf abgießen. Hier wird der Eintopf nun fertig gegart.

2. Inzwischen den Speck fein würfeln. Den Lauch putzen und das Weiße und Hellgrüne längs halbieren. In 1 Zentimeter große Streifen schneiden, waschen und gut abtropfen lassen. Zitronensaft mit etwas Wasser verrühren. Schwarzwurzeln putzen, schälen, waschen, in 1–2 Zentimeter große Stücke schneiden und sofort in das Zitronenwasser legen. Kartoffeln schälen, in 1 Zentimeter große Würfel schneiden und in Wasser legen, so dass sie vollständig bedeckt sind. Linsen in kochendem Wasser bei geringer Hitze 8–10 Minuten bissfest kochen, in ein Sieb gießen, abschrecken, gut abtropfen lassen.

3. Für die Vinaigrette die Petersilienblätter abzupfen und fein schneiden. Mandeln in einer Pfanne ohne Fett goldbraun rösten. Vorsicht, das geht ganz schnell! Öl, Essig, Salz, Zucker und Limettenschale verrühren. Mandeln und Petersilie zugeben und die Vinaigrette 15 Minuten lang ziehen lassen.

4. Rinderbrühe mit Weißwein, Zucker und Thymian noch einmal aufkochen lassen. Kartoffelwürfel zugeben und bei mittlerer Hitze 10 Minuten kochen. Schwarzwurzeln hinzufügen und 10 Minuten mitgaren. Speck, Linsen und Porree zuletzt zugeben und 4 Minuten bei ausgeschalteter Platte ziehen lassen.

5. Eintopf in eine gut vorgewärmte Suppenschüssel geben, Muskat darüber reiben. Mit der Mandelvinaigrette beträufeln und die Gäste herbeirufen, sofern sie nicht schon erwartungsvoll die dampfende Terrine umlagern. Guten Appetit!

Tipp: Die restliche Mandelvinaigrette kann als Tischwürze dienen.

Noch ein Tipp: Die Suppenreste schmecken am nächsten Tag fast noch besser. Sie lässt sich aber auch ohne Geschmackseinbuße einfrieren und gibt – zusammen mit frischem Weißbrot – ein sättigendes und wärmendes Mittagsmahl ab.

×××

×××

SCHWARZWURZEL – EIN ALTBEWÄHRTES GEMÜSE

Als Spargel des kleinen Mannes oder als Winterspargel kennt der Volksmund die Schwarzwurzel. Die langen dunklen Stangen galten schon bei Hildegard von Bingen wegen ihres hohen Mineralstoffgehalts als heilendes Gemüse. Die frostharten Schwarzwurzeln gehören auch heute noch zum Gesündesten, was es von Oktober bis April auf dem Wochenmarkt zu kaufen gibt. Ihr Geschmack ist mild – spargelähnlich – und kommt am besten pur in Butter sautiert oder in deftig gewürzten Eintöpfen zur Geltung.

×××

×××

CHEDDAR-SCONES MIT DIP

irisch? – vielleicht ... – kleiner Snack zum Wein – zu einem Stehempfang, wenn es ungezwungen zugehen soll – preiswert

ZUTATEN (FÜR 15 SCONES)

Für den Teig:

250 G MEHL

1 PÄCKCHEN BACKPULVER

80 G BUTTER

100 ML MILCH (AUSSERDEM ETWAS MILCH ZUM BESTREICHEN)

150 G IRISCHER CHEDDAR-KÄSE (FEIN GERIEBEN)

1 EL FEIN GEHACKTE FRISCHE PETERSILIE

JE 1 PRISE SALZ UND PFEFFER

Für den winterlichen Kräuterdip:

40 G FRISCH GERIEBENER MEERRETTICH

1 EL SEHR FEIN GESCHNITTENER SCHNITTLAUCH

1 SEHR FEIN GEHACKTE SCHALOTTE

5 EL WEISSER BALSAMICO-ESSIG

2 EL WASSER

1 PRISE ZUCKER ZUM ABRUNDEN DES MEER-RETTICHAROMAS

1. Mehl und Backpulver sorgfältig in einer Schüssel mischen. Butter, Milch, Salz sowie Pfeffer zugeben und schnell zu einem Teig verkneten. Den Käse und die Petersilie unterkneten.

2. Backofen auf 200 °C vorheizen. Teig auf einer bemehlten Fläche 2 Zentimeter dick ausrollen. Mit einem runden Ausstecher (Durchmesser 4 Zentimeter) Scones ausstechen. Auf ein mit Backpapier ausgelegtes Blech setzen, mit Milch bestreichen und 15 Minuten goldfarben backen.

3. Vorher oder inzwischen den Dip zubereiten: Meerrettich mit allen anderen Dip-Zutaten verrühren. Fertig!

Tipp: Den Dip können Sie schon Stunden vorher fertigstellen, er zieht im Kühlschrank erst so richtig durch. Vor dem Servieren jedoch unbedingt wieder Zimmertemperatur annehmen lassen! Das Gebäck schmeckt allerdings ofenfrisch am besten.

×××

×××

KREOLISCHER FISCHEINTOPF MIT KÜRBIS

auf den ersten Blick deftig, auf den zweiten edel – sonnige, mittelamerikanische Aromen im Winter – unkompliziert

ZUTATEN (FÜR 4 PORTIONEN)

500 G MIES- ODER VENUSMUSCHELN (BEIDE GEMISCHT SCHMECKT AUCH RAFFINIERT!)

4 STÜCKE FESTES FISCHFILET À 75 G: ES EIGNEN SICH ROTBARBE, SEETEUFEL ODER STEINBEISSER

8 GEPUTZTE, KÜCHENFERTIGE GARNELEN

500 G KÜRBIS, Z.B. HOKKAIDO

4 MÖHREN

3 ZWIEBELN

3 KNOBLAUCHZEHEN

1 STÜCK INGWER

4 EL FRUCHTIGES OLIVENÖL

1 LORBEERBLATT

2 PIMENTKÖRNER

2 TL KREUZKÜMMEL

3 ROTE CHILISCHOTEN

600 ML GEFLÜGELBRÜHE, AM BESTEN HAUSGEMACHT

200 ML TROCKENER WEISSWEIN

1 DOSE STÜCKIGE TOMATEN (À 450 ML)

SCHWARZER PFEFFER AUS DER MÜHLE

½ TL SALZ

1. Möhren und Kürbis schälen, in Scheiben bzw. Würfel schneiden. Zwiebeln, Knoblauch und Ingwer schälen, sodann klein schneiden. Chilis halbieren, entkernen und in Streifen schneiden. Öl in einem breiten großen Schmortopf erhitzen. Zwiebeln, Knoblauch und Ingwer darin andünsten. Möhren und Kürbis zugeben, ca. 4 Minuten mitbraten. Kreuzkümmel, Lorbeer und Piment zugeben und kurz zur Verstärkung des Aromas ebenfalls erhitzen.

2. Erst dann Weißwein, Geflügelfond, Tomaten und Chilis zugeben, mit Salz und Pfeffer kräftig würzen. Bei milder Hitze ca. 30 Minuten köcheln lassen.

3. Garnelen, Muscheln und Fischfilets unter fließendem kalten Wasser gründlich abspülen. Geöffnete Muscheln als ungenießbar aussortieren.

4. Meeresfrüchte vorsichtig unter die Gemüsesauce heben. Fischfilets in mundgerechte Portionsstückchen schneiden und auf den Eintopf legen. Alles bei schwacher Hitze bei geschlossenem Deckel weitere 10 Minuten gar ziehen lassen.

Zu Weißbrot und kräftigem Übersee-Rotwein genießen!

×××

×××

BÜNDNER GERSTENSUPPE

ganz einfach – delikate Alpenküche aus Graubünden – wärmt nach einem Wintertag an der frischen Luft

ZUTATEN (FÜR 6 PORTIONEN)

50 G GETROCKNETE WEISSE BOHNEN (ODER FER-
TIG GEKOCHTE AUS DER DOSE, ERSPART DEN AUF-
WAND DES EINWEICHENS UND DES GARKOCHENS!)
50 G LAUCH
60 G MÖHREN
50 G KNOLLENSELLERIE
20 G LUFTGETROCKNETER SCHINKEN (Z.B.
SAN DANIELE)
20 G BÜNDNER FLEISCH
80 G GERSTE
40 G BUTTER
1 ¾ L SELBST GEMACHTE RINDERBRÜHE
150 ML SCHLAGSAHNE
1 PRISE SALZ
SCHWARZER PFEFFER AUS DER MÜHLE

Garnitur:
1 BUND SCHNITTLAUCH

Lauch oder Porree gehört zu den Zwiebelgewächsen, besitzt allerdings eine sanftere Schärfe als Zwiebeln.

1. Die weißen Bohnen über Nacht in kaltem Wasser einweichen.
2. Am nächsten Tag den Eintopf wie folgt zubereiten: Lauch putzen, das Weiße und Hellgrüne fein würfeln. Die Möhren schälen und ebenfalls sehr klein würfeln. Den Sellerie schälen und in gleicher Weise zerkleinern. Genauso mit dem Schinken und dem Bündner Fleisch verfahren.
3. Butter in einem breiten Topf mit schwerem Boden zerlassen. Gemüsewürfel, Schinken, Bündner Fleisch und Gerste darin 5 Minuten anschwitzen. Mit Brühe schöpflöffelweise auffüllen und 1 Stunde und 30 Minuten bei milder Hitze zugedeckt köcheln lassen.
4. Danach kräftig – entsprechend der Würze Ihrer hausgemachten Brühe – salzen und pfeffern. Die eingeweichten Bohnen abgießen und mit reichlich Salz in entsprechender Menge Wasser in einem gesonderten Topf weich kochen. Das dauert etwa 50–60 Minuten. Diesen Arbeitsschritt einzusparen empfiehlt sich gerade für Anfänger. Für sie gilt: Dosenbohnen abgießen und in der fertigen Suppe nur kurz erhitzen. (Sahne und Kräuter-Verzierung nicht vergessen!)
5. Sonst: Die gar gekochten Bohnen gut abtropfen lassen und zusammen mit der Sahne in die Suppe geben. Nochmals kurz aufwallen lassen und jede Portion stilecht in vorgewärmten rustikalen Tellern auftragen und mit frischem Schnittlauch bestreuen. Dazu passt Bauernbrot.

xxxxxxxxxxxxxxxxxxxxxxxxxxxxxxxxxxxxxxxxxx

Kartoffeln, Lauch, Zwiebeln und Bohnen sind – in wechselnden Zusammensetzungen mit anderen Zutaten – Hauptbestandteile vieler Eintöpfe und deftiger Gerichte.

BAGUETTE-BRÖTCHEN MIT MAKRELENCREME

Katerfrühstück nach einer langen Nacht – nach einem Winterspaziergang im Watt – im Nu gemacht – zünftig

ZUTATEN (FÜR 4 PERSONEN)

300 G MAKRELENFILET
2–3 EL FERTIGE SALATCREME MIT JOGHURT
1 TL ZITRONENSAFT
½ BUND DILL
1 TL IN ÖL EINGELEGTE GRÜNE PFEFFERKÖRNER
(KANN MAN AUCH SELBST MACHEN)
SALZ
4 KLEINE BAGUETTE-BRÖTCHEN
2 FLEISCHTOMATEN
5–6 BLÄTTER RAUKE
4–5 BLÄTTER ENDIVIE (IM FRÜHLING
LÖWENZAHN)

1. Makrelenfilet von der Haut lösen, eventuell noch vorhandene Gräten sorgfältig entfernen. Filet mit einer Gabel oder einem Pürierstab zerkleinern. Salatcreme und Zitronensaft unterrühren. Dill hacken, Pfefferkörner abtropfen lassen, letztere im Mörser zerdrücken. Beides unter die Makrelencreme mischen. Nach Geschmack Salz hinzufügen.
2. Brötchen der Länge nach aufschneiden und beide Seiten mit der Fischcreme bestreichen. Tomaten putzen, in Scheiben schneiden. Rauke und/oder Löwenzahn putzen. Mit den Tomatenscheiben auf den Baguettebrötchen verteilen. Die Brötchenhälften zusammenklappen und nichts wie reinbeißen!

SPÄTHERBSTLICHE WIRSINGROULADE

preiswerte Familienküche – gesund – leicht zu machen – kalorienarm

ZUTATEN (FÜR 4 PERSONEN)

8 ÄUSSERE WIRSINGBLÄTTER
300 G KASSELERAUFSCHNITT
1 BUND GLATTE PETERSILIE
2 FRÜHLINGSZWIEBELN
1 EI
SALZ

120–150 G CRÈME FRAÎCHE
3 EL SEMMELBRÖSEL
300 ML GEMÜSEBRÜHE
100 ML TROCKENER WEISSWEIN
3 EL HELLER SAUCENBINDER
SCHWARZER PFEFFER AUS DER MÜHLE
FRISCH GERIEBENE MUSKATNUSS
3 EL RAPSÖL
1 MINI-BEET KRESSE
10 EISWÜRFEL FÜR DAS EISWASSER

1. In einer flachen Schüssel Eiswasser bereithalten. Wirsingblätter in kochendes Salzwasser geben und 2 Minuten blanchieren. Herausnehmen und im kalten Wasser kurz abschrecken: So behält das Gemüse seine grüne Farbe. Aus dem Wasser nehmen, trockentupfen. Kasseler grob zerschneiden, Petersilie und Zwiebeln grob hacken und zusammen mit dem Kasseler, dem Ei und 2 gehäuften EL Crème fraîche in der Mulinette (oder mit dem Pürierstab) zu einer glatten Masse vermengen. Semmelbrösel unterrühren und alles mit Salz, Pfeffer und Muskat würzen.
2. Die Mittelrippe der Kohlblätter flach schneiden und jeweils 2 Blätter überlappend auf die Arbeitsfläche legen. Jeweils ¼ der Fleischmasse darauf streichen, die Seitenränder einklappen und die Rouladen fest zusammenrollen.
3. Rouladen in einer flachen Schmorpfanne im heißen Pflanzenöl rundherum goldbraun anbraten, Brühe dazugießen und alles zugedeckt 35–40 Minuten bei mittlerer Hitze schmoren.
4. Rouladen herausnehmen und warm stellen. Die Brühe mit dem Wein und der restlichen Crème fraîche aufkochen und mit dem Saucenbinder binden. Salzen, pfeffern und mit den Rouladen auf einer warmen Platte anrichten. Mit frischer Kresse betreuen. Dazu passen Stampfkartoffeln. Guten Appetit!

OFENKARTOFFELN

einfach, aber lecker – preiswertes Abendessen – von Kindern heißgeliebt

ZUTATEN (FÜR 4 PERSONEN)

8 GROSSE, FESTKOCHENDE KARTOFFELN
(MÖGLICHST NICHT AUS GANZ NEUER ERNTE)
4 EL BUTTER
GROBES MEERSALZ

1. Den Backofen auf 210 °C vorheizen. Kartoffeln gründlich waschen oder abbürsten. Kartoffeln mit der Schale auf ein Blech setzen, das man nach Wunsch mit Butterbrotpapier auslegen kann. Je nach Größe 50 Minuten bis 1 Stunde und 10 Minuten backen. Nach etwa 30 Minuten die Kartoffeln wenden, dann werden sie rundum gleichmäßig gar. Garprobe: Einfach mit einem spitzen Messer in die Kartoffeln stechen. Dringt das Messer ohne Widerstand ein, sind sie fertig.

2. Die Kartoffeln herausnehmen, kreuzweise einschneiden und etwas zusammendrücken, damit sie sich öffnen. Sofort mit Butter und Salz servieren. Übrigens: Die Kartoffeln sollten wirklich heiß sein, denn nichts stimmt trübsinniger als eine lauwarme Ofenkartoffel! Oder umgekehrt: Jeder wirklich verwöhnte Gaumen schätzt eine perfekt gebackene Kartoffel, deren Aroma sich beim Aufschneiden dampfend verströmt und nur noch auf die Veredelung durch Butter und Salz wartet.

××

××

FESTTAGSKLEID FÜR DIE KARTOFFELN

Sie bereiten die Kartoffeln zu wie oben beschrieben und machen dazu eine sahnige Creme aus Räucherforelle, griechischem Joghurt und Kräutern. Es ist ganz einfach: Je 1 EL Schnittlauch, Kresse und glatte Petersilie fein hacken. Die frischen Kräuter zusammen mit 4 auseinander gezupften Forellenfilets, je 1 Prise Salz sowie Zucker, 1 Spritzer Zitronensaft und frisch gemahlenem schwarzen Pfeffer unter 500 g griechischen Joghurt rühren. Den Dip statt der Butter im Alltagsrezept auf den geöffneten Kartoffeln verteilen. Als Glanzlicht kann man auf jede Portion etwas Forellenkaviar setzen.

××

××

ZWIEBELTARTE MIT HONIG

französisch raffiniert – für Feinschmecker – braucht etwas Zeit – für Gäste, als Auftakt in einem Festmenü – wenige Zutaten, große (Geschmacks-)Wirkung!

ZUTATEN (FÜR EINE TARTE-FORM VON 30 ZENTIMETERN DURCHMESSER)

Für den Mürbeteig:
250 G MEHL (TYPE 405)
½ TL SALZ
125 G BUTTER
4 EL EISKALTES WASSER
ETWAS BUTTER FÜR DIE FORM
MEHL ZUM AUSROLLEN

Für den Belag:
1 KG ROTE ZWIEBELN
50 G BUTTER
4 EL KASTANIENHONIG (FEINKOSTLADEN)
1 GESTRICHENER TL ZIMT
SALZ
SCHWARZER PFEFFER AUS DER MÜHLE
FRISCH GERIEBENER MUSKAT

1. Ein Schnapsglas mit ca. 4 EL Wasser ins Tiefkühlfach des Kühlschranks stellen. Für den Teig das Mehl in eine Schüssel geben und in die Mitte eine Vertiefung drücken. Die Butter in kleinen Flöckchen und das eiskalte Wasser hinzufügen. Mit den Händen rasch zu einer Kugel formen. Diese flach drücken, in Klarsichtfolie einschlagen und ca. 2 Stunden kühl stellen.

2. Nach der Ruhezeit den Teig mit wenig Mehl gleichmäßig dünn (ca. ½ Zentimeter) ausrollen. Die gebutterte Tarte-Form sorgfältig damit belegen. Ränder andrücken, überstehenden Teig mit einem Messer begradigen. Erneut kalt stellen.

LINKE SEITE:

Die feine Schärfe der Zwiebel und das süße Aroma des Kastanienhonigs gehen in der Zwiebeltarte eine ideale Verbindung ein.

RECHTE SEITE:

Während die Früchte der Kartoffel giftig sind – die Kartoffel gehört nämlich zu den Nachtschattengewächsen – gehören ihre Knollen und die daraus hergestellten Produkte heute zu den wichtigsten Nahrungsmitteln.

3. Zwiebel pellen, putzen und fein zerkleinern. In einem großen Topf Wasser zum Kochen bringen. Die zerkleinerten Zwiebeln darin 4–5 Minuten blanchieren. Durch ein feines Sieb abseihen und auf Küchenkrepp gut abtropfen lassen.

4. Für den Belag die Butter in einem Topf mit schwerem Boden zerlassen. Zwiebeln zufügen und anschwitzen, ohne dass sie zu viel Farbe annehmen dürfen. Dieser Vorgang sollte bei mittlerer Hitze geschehen und 10 Minuten nicht überschreiten. Rühren nicht vergessen!

5. Topf vom Feuer ziehen. Salzen und pfeffern, mit Zimt und Muskat würzen. Den Honig hinzufügen und mit der Zwiebelmasse gründlich verrühren.

6. Backofen auf 210 °C vorheizen. Die mit dem Mürbeteig ausgekleidete Form aus dem Kühlschrank nehmen und mit der Zwiebelpaste belegen. Tarte auf die mittlere Einschubleiste des Ofens setzen und ungefähr 35 Minuten goldgelb backen. Dabei nicht aus den Augen lassen: Wenn die Tarte zu schnell bräunt, vorsichtshalber nach 25 Minuten mit einer Alu-Folie bedecken.

7. Nach dem Backen 5 Minuten in der Form ruhen lassen, dann mit einem scharfen gezahnten Messer portionieren. Sofort servieren.

Genießen Sie die Zwiebeltarte lauwarm zu einem Riesling mit etwas Restsüße.

Genießertipp: Das Pariser Bistro, in dem ich diese Köstlichkeit zum ersten Mal aß, reichte dazu eine kleine Scheibe Foie gras. Neben den weihnachtlichen Gewürzen des Belags ergibt diese Kombination mit Gänseleber eine wahrhaft festliche Vorspeise!

Noch ein Tipp: Sie sollten die roten Zwiebeln nicht durch eine andere Sorte ersetzen. Ihr mildes Aroma harmoniert gut mit der herben Süße des Kastanienhonigs und der ebenfalls süßlichen Schärfe der exotischen Gewürze.

×××

×××

ORANGEN-DATTEL-CHUTNEY

Aromen aus 1001 Nacht – passt zu kurzgebratener Entenbrust – für den Vorrat – bitte am Tag der Herstellung lange Garzeit (2 ½ Stunden) einplanen! – geöffnete Gläser im Kühlschrank aufbewahren!

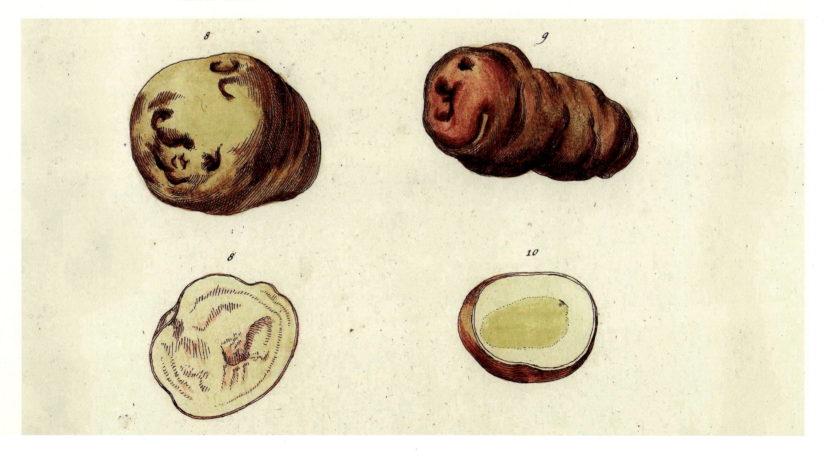

ZUTATEN (FÜR 3 GLÄSER À 250 ML MIT SCHRAUBVERSCHLUSS)

350 G ÄPFEL (GRAVENSTEINER)
200 G ORANGEN, GESCHÄLT UND FILETIERT
(CA. 2 ORANGEN, JE NACH GRÖSSE)
200 G ENTSTEINTE DATTELN (Z.B. VON SEEBERGER)
200 G BRAUNER ZUCKER
½ TL SALZ
2 TL GERIEBENER FRISCHER INGWER
300 ML MALZESSIG (REFORMHAUS)

1. Die Äpfel schälen, vierteln, von den Kerngehäusen befreien und in dünne Scheiben schneiden. Die Orangenfilets in kleine Stückchen schneiden. Die Datteln fein zerkleinern.
2. Das Obst in einen flachen Topf mit schwerem Boden geben. Zucker, Salz, Ingwer und Essig zufügen und die Mischung unter ständigem Rühren zum Kochen bringen.
3. Hitze stark drosseln, so dass das Chutney gerade noch kocht. Während der nächsten 2 ½ Stunden den Garvorgang immer wieder beobachten. Bitte immer wieder umrühren, damit nichts anbrennt!
4. Das Chutney sollte nun eingedickt sein. Einmachgläser sterilisieren, was am besten in der Spülmaschine geht.
5. Chutney leicht abkühlen lassen und in die noch heißen vorbereiteten Gläser füllen. Diese fest verschließen und über Nacht kopfüber stehen lassen.

Das orientalische Chutney passt am besten zu rosa gebratener Entenbrust. Chutneys schmecken frisch noch etwas »gekocht«, sie brauchen ihre 2 Wochen bis zur vollen Genussreife. Bedenkt man dies, kann das Chutney zusammen mit dem zarten Entenfleisch, frischem Weißbrot und einem kräftigen Rotwein recht spontan und dabei originell seinen Beitrag zu einem Festessen leisten.

××××××××××××××××××××××××××××××××××××××

××××××××××××××××××××××××××××××××××××××

ELSÄSSISCHE SAUERKRAUTPLATTE

deutsch-französische Verbindung: deftig, aber mit einiger Raffinesse – schmeckt in gemütlicher Runde – achten Sie auf hochwertige Zutaten! – Gericht mit Tradition

ZUTATEN (FÜR 4 PERSONEN)

300 G GEPÖKELTER SCHWEINEBAUCH (BEIM METZGER VORBESTELLEN)
300 G DURCHWACHSENER SPECK
1 KG BIO-SAUERKRAUT (REFORMHAUS)
1 ZWIEBEL
3 KNOBLAUCHZEHEN
1 SÄUERLICHER APFEL (ELSTAR)
1 EL GÄNSESCHMALZ (ERSATZWEISE SCHWEINE-SCHMALZ)
1 EL BUTTER
¼ L RIESLING (KANN AUCH SÜSS AUSGEBAUT SEIN)
SALZ
1 LORBEERBLATT
1 TL WACHOLDERBEEREN
1 TL SCHWARZE PFEFFERKÖRNER
800 G AUSGELÖSTES KASSELER
4 KNACKWÜRSTE MIT KNOBLAUCH

1. Schweinebauch und Speck mit Wasser bedeckt bei kleiner Flamme ca. 1 Stunde kochen lassen.
2. Sauerkraut in einem Sieb abtropfen lassen. Zwiebel und Knoblauch putzen und sehr klein würfeln. Apfel gut abspülen, abtrocknen. Kerngehäuse entfernen, vierteln und sehr klein würfeln.
3. Zwiebel-, Knoblauch- und Apfelwürfel in einem großen flachen Topf im heißen Schmalz-Butter-Gemisch andünsten. Wein zugießen.
4. Sauerkraut zerzupfen und ebenfalls dazugeben. Salz und Gewürze zum Sauerkraut geben. Alles einmal aufkochen und dann zugedeckt bei milder Hitze etwa 1 Stunde kochen lassen.
5. Kasseler, Schweinebauch und Speck (Kochwasser aufheben) zum Sauerkraut geben und mit dem Kraut bedecken. Wiederum mit Deckel 1 weitere Stunde köcheln lassen. Nach Augenmaß die verloren gegangene Flüssigkeit durch das Kochwasser des Schweinebauchs ersetzen.
6. Etwa 15 Minuten vor Ende der Garzeit die Würstchen in das Sauerkraut geben und zugedeckt kurz erwärmen.
7. Schweinebauch, Speck und Kasseler in 1 Zentimeter dicke Scheiben schneiden. Zusammen mit den Würsten und dem Sauerkraut anrichten.
8. Dazu passen schlichte Salzkartoffeln und scharfer Senf. Den Durst, den dieses zünftige Essen macht, löscht man stilecht mit einem Bier.

××××××××××××××××××××××××××××××××××××××

Christbaumkugeln können nicht nur dem Weihnachtsbaum, sondern auch festlichen Tafeln weihnachtlichen Charme verleihen.

WILDTERRINE

winterlich rustikal, aber bei Gästen willkommen – lässt sich
vorbereiten – braucht Zeit und beträchtliches Kochgeschick

ZUTATEN (FÜR 8–10 PERSONEN)

300 G MAGERES WILDFLEISCH (Z.B. WILD-
SCHWEIN) OHNE SEHNEN
50 G DURCHWACHSENES SCHWEINEFLEISCH
50 G MAGERES KALBFLEISCH
6 EISWÜRFEL
400 G SAHNE
15 G SALZ
SCHWARZER PFEFFER AUS DER MÜHLE
2 EL HASELNÜSSE, GERÖSTET UND GEREBELT
4 CL WACHOLDERSCHNAPS
100 G WILDLEBER
BUTTER ZUM ANBRATEN (30 G)
2 EL FEIN GEWÜRFELTER FRISCHER SPECK
150 G FRISCHER SPECK (NICHT DURCHWACHSEN,
SONDERN WEISS) ZUM ABDECKEN DER PASTETE

Für die Sauce:
2 ORANGEN
SAFT VON ½ ZITRONE
30 G ZUCKER
20 G BUTTER
50 G PREISELBEERMARMELADE (REFORMHAUS)

1. Das Fleisch zweimal durch die feine Scheibe des Fleischwolfs drehen, durch ein Haarsieb passieren. Die Masse in die Mulinette geben; nach und nach Eiswürfel, Sahne und Wacholderschnaps untermengen. Mit dem Salz und dem Pfeffer großzügig abschmecken.

2. Wildleber in sehr kleine Würfel schneiden. Butter in einer kleinen beschichteten Pfanne zerlassen und die Leber darin anbraten.

3. Vorsichtig nun die ganzen Nüsse, die Speckwürfel und die Leberwürfel unter die farcierte Fleischmasse heben.

4. Eine dekorative Terrinenform aus Porzellan mit dem in sehr dünne Streifen geschnittenen Speck auslegen. Die Wildfarce einfüllen und glatt streichen. Mit den restlichen Speckstreifen lückenlos bedecken. Backofen auf 150 °C vorheizen. Die geschlossene Terrine (gedeckelt) im Wasserbad etwa 45 Minuten garen. Das Wasserbad bereitet man wie bei einer Pannacotta am einfachsten, indem man die sogenannte Fettpfanne des Backofens zur Hälfte mit Wasser füllt und das Gargut hineinsetzt. Vorsicht später beim Herausnehmen!

5. Nach der Garzeit Pastete bei geöffnetem Deckel erkalten lassen. Über Nacht zugedeckt an einem kalten Ort durchziehen lassen.

6. Für die Sauce: Von einer Orange 1 EL Zesten abschälen und 3 Minuten in kochendem Wasser blanchieren. Orangen sowie Zitrone auspressen, in eine Sauteuse geben und den Zucker darin auflösen. Auf die Hälfte einkochen lassen, mit der Butter binden und sodann von der Feuerstelle nehmen. Mit einem kleinen Schneebesen die Orangenzesten und die Preiselbeermarmelade einrühren und die Sauce völlig erkalten lassen.

7. Die Terrine in Scheiben schneiden und mit der herb-fruchtigen Sauce appetitlich anrichten. Dazu passt ein frisches, knuspriges Steinofenbrot.

Die Wildterrine ist rustikal, aber bei Wildliebhabern sehr willkommen.

Feine Fleisch- und Fischküche

Viele Gäste wünsch ich heut
Mir zu meinem Tische!
Speisen sind genug bereit,
Vögel, Wild und Fische.
Eingeladen sind sie ja,
Haben's angenommen.
Hänschen, geh und sieh dich um!
Sieh mir, ob sie kommen!

AUS: JOHANN WOLFGANG VON GOETHE (1749–1832), OFFNE TAFEL

Die Zeit ab St. Martin bis zum Jahreswechsel bietet sich geradezu an, in der Küche die feine Fleisch- und Fischküche zu zelebrieren. Aus alter Tradition waren genau dies die Wochen und Monate, in denen Gänse, Enten und Schweine zur Schlachtreife gelangten. In den alpinen Regionen wird bis heute ein Teil der Rinder- oder Ziegenherde zu schmackhaftem Trockenfleisch, Speck sowie Wurstwaren verarbeitet, damit die Bergbauern sie nicht einen langen Winter hindurch füttern müssen.

Wirtschaftliche Erwägungen bescherten den Menschen auf diese Weise so manches Rezept. Nicht wenige Methoden der Haltbarmachung – wovon etwa das Bündner Fleisch oder der luftgetrocknete Schinken nur die bekanntesten sind – zeugen vom verständlichen Versuch, etwas so Kostbares wie leicht verderbliches Fleisch auch noch Wochen nach der Schlachtung genussvoll zu verspeisen. Die christlichen Feste, ob dem Heiligen Martin zu Ehren oder, allen voran, aus Anlass der Geburt Jesu, haben der festlichen Fleischküche natürlich Vorschub geleistet. Auch in bescheidenen Haushalten war für die gebratene Gans am größten Feiertag des Jahres gesorgt: Dafür aß man an Heiligabend das Gänseklein, während in vornehmeren Familien ein Fischgericht, meist Karpfen, die Festtage einläutete.

Auch heute besinnt man sich in vielen Familien des eigentlichen Wertes eines guten Fisch- oder Fleischgerichtes. Wenn es denn auf den Tisch kommt, dann aus artgerechter Haltung, aus ökologisch einwandfreiem Fischfang und Wild natürlich nur zur Jagdsaison. Das ist nicht nur ethisch und wirtschaftlich korrekt, es macht sich auch geschmacklich bezahlt und aus den Gerichten Festessen, die sie seit Jahrhunderten waren: Eben im wahrsten Wortsinn Essen, die man sich nur an den hohen Festtagen gönnt.

Dieses Kapitel ist deswegen nicht lang, sondern konzentriert. Verschiedenes Althergebrachte wie Gans, Rinderbraten oder Wild werden Sie finden, alles jedoch mit einem manchmal modernen Duktus, sei es in den Würzmethoden, sei es bei der Herstellung der Saucen. Oder haben Sie zu Hirschsteaks schon einmal eine Sauce mit Marzipan und Granatapfelsirup probiert? Sie mögen's lieber schlicht und wollen eigentlich nichts Winterliches und schon gar nichts Deutsches an Weihnachten? Dann passt der provenzalisch zubereitete Hasenrücken, der Sie gewiss nach Südfrankreich versetzt ... Auch Fischfans kommen auf ihre Kosten. Das Beste dabei: Es gibt garantiert kein kompliziertes Hantieren mit Flossen, Köpfen und Schuppen! Sie werden auch nicht Stunden in der Küche verbringen, sondern müssen nur qualitätskritisch einkaufen.

Es ist ein schöner, leider fast vergessener Brauch, dass das (männliche) Familienoberhaupt das Fleisch bei Tisch tranchiert und jedem Familienmitglied oder Gast vorlegt. Wenn Sie diese Tradition aufleben lassen wollen und dazu noch den weihnachtlichen Duft genießen möchten, den ein Barolo-Braten oder eine mit Äpfeln gefüllte Gans unweigerlich verströmen, dann seien Sie genau auf diese beiden Rezepte verwiesen. Manchmal – an Weihnachten wenigstens – kann das Essen so zu einer einzigen einladenden Geste werden.

Ein saftiger Gänsebraten ist untrennbar mit der Martini- und der Weihnachtszeit verbunden.

xxxxxxxxxxxxxxxxxxxxxxxxxxxxxxxxxxxxxxxxxxxxxxxxx

GEFÜLLTE GANS

gelebte Tradition – festlich – klassisch – was wäre Weihnachten ohne diesen knusprigen Vogel? – braucht Zeit

ZUTATEN (FÜR 4–6 PERSONEN)

1 JUNGE GANS (CA. 4,5 KG)
2 ZWEIGE ROSMARIN
GROBES SALZ
IM MÖRSER GROB ZERSTOSSENER PFEFFER

Füllung:
6 KLEINE SÄUERLICHE ÄPFEL (800 G),
Z.B. ELSTAR ODER BOSKOP
12–14 NELKEN
2 STERNANISFRÜCHTE
1 ZIMTSTANGE
4 STÄNGEL ZITRONENGRAS
4–8 TL AKAZIENHONIG, ERSATZWEISE EIN
ANDERER MILDER BLÜTENHONIG
EVTL. ETWAS HELLER SAUCENBINDER ODER
EISKALTE BUTTER (20–40 G) ZUM BINDEN

1. Bei der Gans die Fettdrüse an der Oberseite des Bürzels entfernen. Das Geflügel von innen und außen gründlich abspülen und mit Küchenkrepp trockentupfen. Rosmarin abspülen, trockenschütteln, die abgezupften Nadeln fein hacken.
2. Gans von innen mit Salz, von außen mit Pfeffer und Rosmarin einreiben.
3. Für die Füllung: Die Äpfel abspülen und abtrocknen. 3 Äpfel halbieren und mit den Gewürzen spicken. In die Bauchhöhle der Gans legen.
4. Den Ofen auf 200 °C vorheizen.
5. Das Kerngehäuse der restlichen Äpfel mit einem Apfelausstecher entfernen. Zitronengras in etwa 3 Zentimeter lange Stücke schneiden und die Äpfel damit spicken.
6. Die Gans mit der Brust nach unten in einen großen Gänsebräter legen. Etwa 300 ml Wasser angießen und im geschlossenen Bräter etwa 2 ½–3 Stunden garen.
7. Gans wenden. Die Brustseite mit 4 TL Honig glacieren. Die gespickten Äpfel mit in den Bräter geben und weitere 40 Minuten ohne Deckel braten.
8. Gans und Äpfel auf einer Platte anrichten und warm stellen.
9. Bratenfond durch ein Sieb in eine Sauteuse abgießen. Sauce sorgfältig entfetten und um ⅓ einkochen. Mit dem restlichen Honig, Pfeffer und Salz abschmecken. Nach Wunsch mit Saucenbinder oder eiskalter Butter binden.

Zu diesem Festschmaus passen Zimtrotkraut und ein sahniges Kartoffelpüree.

REHBRATEN MIT ÄPFELN UND WALNÜSSEN

Mittagessen an Weihnachten – braucht etwas Zeit – für Könner – macht die ganze Tischrunde glücklich

ZUTATEN (FÜR 4–6 PERSONEN)

1 STÜCK REHFLEISCH AUS DER KEULE OHNE
KNOCHEN (CA. 1 KG)
1 TL WILDGEWÜRZ (AUS DEM GEWÜRZFACH-
HANDEL)
1 ZWEIG ROSMARIN
SALZ
500 G GEMISCHTES GEMÜSE: SELLERIE, MÖHREN,
ZWIEBELN
4 EL ÖL
1 GEHÄUFTER TL TOMATENMARK
300 ML ROTWEIN, Z.B. SHIRAZ
3 LORBEERBLÄTTER
400 ML WILDFOND (VON LACROIX)
2 ÄPFEL
2 EL ZITRONENSAFT
½ ROTE CHILISCHOTE
40 G WALNUSSKERNE
1 TL SAUCENBINDER (DUNKEL)
40 G BUTTER
5 EL AHORNSIRUP

Außerdem:

ALUFOLIE
KÜCHENGARN
NACH GESCHMACK EISKALTE BUTTER FÜR DIE
SAUCE (TIEFKÜHLFACH)

1. Rosmarin fein schneiden. Rehkeule mit Rosmarin, Wildgewürz und Salz würzen. Mit Küchengarn wie einen Roll-
braten binden. Möhren und Sellerie putzen und grob würfeln.
2. Öl in einem Bräter erhitzen. Rehkeule rundherum darin
anbraten, herausnehmen. Gemüse zugeben, goldbraun
schmoren. Tomatenmark und Wein unterrühren, einkochen.
Fleisch und Lorbeer zugeben. Fond angießen, aufkochen
lassen. Im Ofen auf der untersten Schiene bei 170 °C 1 Stunde
und 30 Minuten schmoren. (Umluft eignet sich hier nicht!)
3. Mit einem Ausstecher das Kerngehäuse der Äpfel entfernen.
Äpfel in Scheiben schneiden. Mit Zitronensaft beträufeln.
Chili und Walnüsse hacken. Reh aus dem Ofen nehmen. Fest
in Alufolie gewickelt, 10 Minuten ruhen lassen. Sauce durch
ein Sieb in einen Topf gießen. Sauce aufkochen, reduzieren.
Mit dem Saucenbinder und der eiskalten Butter (ca. 40 g)
unter kräftigem Rühren zu einer geschmeidigen Sauce verarbeiten.

4. Butter erhitzen, Apfelscheiben und Chili darin anbraten.
Ahornsirup zugeben, aufkochen. Äpfel 5 Minuten ziehen
lassen. Mit Walnüssen bestreuen. Küchengarn entfernen.
Rehkeule in Scheiben schneiden. Mit den Apfel-Walnuss-
scheiben servieren. Reichen Sie die Sauce gesondert dazu,
damit eventuelle Saucen-Fans voll auf ihre Kosten kommen.
Dazu passen selbst gemachte Spitzbuben.

xxxxxxxxxxxxxxxxxxxxxxxxxxxxxxxxxxxxxxxxxxxxxxxxxx

xxxxxxxxxxxxxxxxxxxxxxxxxxxxxxxxxxxxxxxxxxxxxxxxxx

KANINCHENRÜCKEN, GEFÜLLT MIT TAPENADE

festliche Vorspeise oder kleiner Hauptgang – Gericht mit
eindeutig provenzalischem Bekenntnis: Râble de lapin farci à
la tapenade – für alle, die im Winter hochsommerlich würzen
wollen – braucht etwas Übung

ZUTATEN (FÜR 2 PERSONEN)

2 KANINCHENRÜCKEN, ERGIBT 4 FILETS
2 MÖHREN
2 ZWIEBELN
2 STANGEN STAUDENSELLERIE
1 BOUQUET GARNI: LORBEER, THYMIAN, ROSMARIN
300 ML WEISSWEIN
4 EL OLIVENÖL
SALZ UND PFEFFER AUS DER MÜHLE

Tapenade:

200 G SCHWARZE OLIVEN
50 G ANCHOVIS
1 GROSSE KNOBLAUCHZEHE

Garnitur:

SCHWARZE OLIVENHÄLFTEN, THYMIANBLÄTTCHEN

1. Den Kaninchenrücken entbeinen, die Knochen zerhacken
und in einem Topf mit schwerem Boden anrösten. Möhren,
Zwiebeln und Staudensellerie putzen und in Stücke schneiden.
2. Gemüse und Kräuter zu den Knochen geben, den Wein
angießen und reduzieren. Dann etwas Wasser zugeben und
weitere 20 Minuten einkochen. Sauce durch ein Sieb passieren.
3. Für die Tapenade Oliven, Anchovis und Knoblauch mit
dem Pürierstab fein zerkleinern.
4. Den Backofen auf 180 °C vorheizen. Die ausgelösten Ka-
ninchenrückenfilets (samt der dünnen Fleischpartie auf den

*Eine Köchin des 17. Jahr-
hunderts bereitet feine
Fisch- und Fleischspeisen zu
(Pieter Cornelisz van Rijck,
1568–1628).*

Rippen) auf der Innenseite salzen, pfeffern und mit Tapenade bestreichen. Dann jeweils die dünne Partie um das »Filet« schlagen und mit Küchengarn festbinden.

5. In Olivenöl rundum anbraten und im Backofen 15 Minuten garen, dabei zusätzlich mehrmals mit Olivenöl bepinseln. Anschließend im abgeschalteten Backofen 10 Minuten ruhen lassen. Herausnehmen und mit Alufolie bedeckt warm stellen.

6. Den Bratensatz mit der Sauce loskochen, dabei 1 EL Tapenade mit etwas Olivenöl unter die Sauce ziehen. Mit Salz sowie Pfeffer abschmecken.

7. Die gewickelten Kaninchenrücken in Medaillons schneiden, mit der Sauce übergießen und dekorativ auf vorgewärmten Tellern anrichten.

Wenn Sie sich das Entbeinen der Kaninchenrücken nicht zutrauen, bestellen Sie die Rücken beim Metzger so vor, wie Sie es für dieses Rezept brauchen. Vergessen Sie die Knochen nicht, da durch sie die Sauce erst Aroma erhält!

xxxxxxxxxxxxxxxxxxxxxxxxxxxxxxxxxxxxxxxxxxxxx

xxxxxxxxxxxxxxxxxxxxxxxxxxxxxxxxxxxxxxxxxxxxx

LACHSMOUSSE

macht etwas her – gelingt auch Anfängern – leicht & edel – für den Heiligen Abend – ½ Stunde Zubereitung / ½ Stunde Kühlzeit

ZUTATEN (FÜR 4 PERSONEN)
250 G RÄUCHERLACHS (AM EDELSTEN SCHMECKT WILDLACHS)
3 EL DOPPELRAHMFRISCHKÄSE
1 ½ EL ZITRONENSAFT
1 BUND SCHNITTLAUCH
1 PRISE SALZ
SCHWARZER PFEFFER AUS DER MÜHLE (AUF »FEIN« EINSTELLEN)
100 G FELDSALAT

Außerdem:
MULINETTE; GERÄT SOWIE EIWEISSHALTIGE MOUSSE-ZUTATEN (KÄSE UND FISCH) SOLLTEN VOR ARBEITSBEGINN BEREITS GUT DURCH-GEKÜHLT SEIN!

1. Den Räucherlachs in kleine Würfel schneiden und mit dem Frischkäse und dem Zitronensaft fein pürieren. Schnittlauch

waschen, trockenschütteln und in Röllchen schneiden. Drei Viertel davon unter die Mousse heben, sodann vorsichtig mit Salz und Pfeffer würzen. 30 Minuten abgedeckt kühl stellen.

2. Ackersalat putzen und waschen. Mit 2 Esslöffeln Nocken von der Lachsmousse abstechen und mit dem Salat auf großen Tellern dekorativ anrichten. Dazu passt ein Winzersekt und gebutterte kleine Toastscheiben!

Tipp: Der Feldsalat ist aus gutem Grund nur schmückendes Beiwerk. Eine Vinaigrette wäre geschmacklich zu »spitz« gegenüber der milden Fischmousse. Belassen Sie's also bitte beim appetitlichen Blickfang!

xxxxxxxxxxxxxxxxxxxxxxxxxxxxxxxxxxxxxxxxxxxxx

xxxxxxxxxxxxxxxxxxxxxxxxxxxxxxxxxxxxxxxxxxxxx

HIRSCHSTEAK MIT EINER SAUCE AUS ROSMARIN UND MARZIPAN

für Gourmets, die man überraschen möchte – braucht etwas Übung im Umgang mit Fleisch – raffiniert – mit einem Hauch Orient

ZUTATEN (FÜR 2 PERSONEN)
200 G HIRSCHSTEAK AUS DER KEULE
2 EL GRANATAPFELSIRUP
1 EL NEUTRALES PFLANZENÖL
1 TL GRÜNE PFEFFERKÖRNER (GETROCKNET), IM GEWÜRZFACHHANDEL ERHÄLTLICH
80 G MARZIPANROHMASSE
FRISCH GEMAHLENER PFEFFER AUS DER MÜHLE
2 EL BUTTERSCHMALZ
1 GRANATAPFEL
150 ML KRÄFTIGE HÜHNERBOUILLON, AM BESTEN SELBST GEMACHT
ETWAS SALZ
1–2 TL ZITRONENSAFT

1. Das Fleisch mit Küchenkrepp trockentupfen und pfeffern. Öl und Granatapfelsirup mischen, das Fleisch damit marinieren. In Folie wickeln und ca. 30 Minuten ziehen lassen.

2. Den grünen Pfeffer im Mörser zerreiben. Rosmarin ab-spülen und trockentupfen. Einige Nadeln mit einem scharfen Messer fein hacken (ca. 1 ½ TL). Den Rest in kleine Zweige teilen. Den Granatapfel öffnen und aus einer Hälfte die Kerne herauslösen. Den Rest anderweitig verwenden, z.B. als aparte Verzierung für ein Dessert.

Die Beeren des sogenannten »rosa Pfeffers« – der übrigens nicht von derselben Pflanze wie der schwarze Pfeffer stammt – verleihen Fleischge-richten einen mild aromati-schen Geschmack. Die Beeren stehen in dekorativen Rispen und werden gerne als Weih-nachtsschmuck verwendet.

3. Hühnerbrühe in einer Sauteuse aufkochen. Das Marzipan zerbröckeln und unter Rühren in der Brühe schmelzen lassen. Gehackten Rosmarin und die Hälfte des grünen Pfeffers unterrühren. Die Sauce 5–10 Minuten köcheln lassen.

4. Backofen auf 220 °C vorheizen. Das marinierte Hirschfleisch trockentupfen. In einer schweren Pfanne das Butterschmalz sehr heiß werden lassen. Die Steaks darin kräftig anbraten – die erste Seite 4 Minuten, die zweite 3 ½ Minuten lang. Herausnehmen und salzen. Das Fleisch in einer feuerfesten Form im Backofen (mittlere Einschubleiste) zu Ende garen. Beim Hineinschieben in den Ofen dürfen Sie diesen gleich abschalten, da die Garzeit nicht länger als 6–8 Minuten dauert. Herausnehmen und abgedeckt an einem warmen Ort ruhen lassen, bis die Sauce und eventuelle Beilagen servierbereit sind.

5. Die Sauce mit Zitronensaft und Salz abschmecken. Auf vorgewärmten Tellern verteilen. Das Fleisch in Scheiben schneiden und auf der Marzipansauce anrichten. Mit dem restlichen grünen Pfeffer und den Granatapfelkernen bestreuen. Mit den Rosmarinzweigen verzieren. Dazu passen frisches Brot oder Kastaniennudeln. Ein dichter Rotwein als Begleiter bietet sich hier an – einer, der es mit den aufregenden Geschmackskontrasten dieses Gerichtes aufnehmen kann.

Tipp: Den Granatapfel öffnen Sie am einfachsten mit einem spitzen Messer entlang des »Horizonts«. Die Frucht darf dabei nicht zu tief eingeritzt werden! Fassen Sie den Granatapfel nun mit beiden Händen und brechen ihn vorsichtig über einem Gefäß auseinander. Bei dieser Vorgehensweise bluten nur wenige Kerne aus. Die Kerne dann sorgsam mit der Rückseite eines Streichholzes auslösen.

×××

×××××××××××××××××××××××××××××××××××××

RINDERBRATEN MIT BAROLO
ein saftiges Prachtstück – für den Sonntagstisch im Winter – mit Wurzelgemüse geschmort, mit Thymian gewürzt

ZUTATEN (FÜR 6 PERSONEN)
1,2 KG MAGERES RINDFLEISCH, Z.B. HÜFTE
1 FLASCHE GUTER BAROLO (ROTWEIN AUS DEM PIEMONT)
SALZ
2 EL OLIVENÖL
SCHWARZER PFEFFER AUS DER MÜHLE

4 GROSSE MÖHREN
1 SELLERIEKNOLLE
8 SCHALOTTEN
1 EL TOMATENMARK
3 KNOBLAUCHZEHEN
1 L SELBST GEMACHTE RINDERBRÜHE (ODER KALBS- ODER RINDERFOND DER FIRMA LACROIX)
2 EL MEHL
1 BUND FRISCHER THYMIAN
1 TL KASTANIENHONIG
1 NUSSGROSSES STÜCK MEHLBUTTER (SIEHE GLOSSAR) ZUM BINDEN DER SAUCE

1. Rindfleisch abspülen und trockentupfen. Mit Salz und Pfeffer würzen. Öl in einem Bräter erhitzen. Das Fleisch unter Wenden darin anbraten. Möhren und Sellerie putzen und würfeln. Schalotten schälen und in Scheiben schneiden. Knoblauch schälen und hacken.

2. Den Braten aus dem Bräter nehmen. Das vorbereitete Gemüse, Schalotten, Knoblauch und Tomatenmark hineingeben und ungefähr 5–7 Minuten lang anschwitzen. Das Mehl darüber stäuben. Rotwein und den Kalbsfond dazugießen und alles gut verrühren. Thymian kurz abspülen und trockenschütteln. Den Braten unter mehrmaligem Wenden bei 175 °C bei geschlossenem Deckel etwa 2 Stunden schmoren lassen. Gelegentlich mit Flüssigkeit übergießen.

3. Das Fleisch herausnehmen und abgedeckt im 100 °C warmen Ofen warm stellen. Die Sauce durch ein Haarsieb in eine Sauteuse abseihen. Schmorgemüse ebenfalls warm stellen. Flüssigkeit zum Kochen bringen und kräftig einkochen lassen, um ca. ein Drittel reduzieren. Mit der Mehlbutter binden. Diese entwickelt eine stärkere Bindeeigenschaft, wenn man sie kurz vorher eine Viertelstunde ins Tiefkühlfach legt.

4. Die Sauce abschließend mit Pfeffer, Salz und Honig würzen. Braten mit einem sehr scharfen Messer aufschneiden und mit dem Gemüse und der heißen Sauce auf vorgewärmten Tellern anrichten. Dazu schmecken Bandnudeln oder kleine Röstkartoffeln.

Sie machen nie einen Braten, weil selbst an Wochenenden oder Festtagen Ihre Tafel überschaubar klein ist und deshalb nicht alles aufgegessen würde?! Hier ein Rezept – und was für ein edles – für die feine Weiterverwertung des Barolo-Bratens:

××××××××××××××××××××××××××××××××××××××

Dekorativ spiegelt sich der Kerzenschimmer dieses Adventskranzes im Gold des Tellers und in den glänzenden Christbaumkugeln. Für den richtigen farbigen Kontrast sorgt ein mit Draht zusammengebundener Kranz aus Efeu.

SALAT AUS BAROLO-BRATEN, ZUCKER-SCHOTEN UND SPROSSEN MIT ASIATISCHEN KRÄUTERN

edle Resteküche – ostasiatisch inspiriert – leicht zu machen

ZUTATEN (FÜR CA. 4 PERSONEN)

3 SCHEIBEN BAROLO-BRATEN (CA. 200 G)
8 SCHALOTTEN
250 ML PFLANZENÖL ZUM FRITTIEREN
100 G ZUCKERSCHOTEN
SCHWARZER PFEFFER AUS DER MÜHLE
4 EL KETJAP MANIS (SÜSSE SOJASAUCE)
2 EL SESAMÖL
1 EL MILDER HONIG, Z.B. VON AKAZIENBLÜTEN
SAFT UND SCHALE VON 1 LIMETTE, AM BESTEN BIO
1–2 ROTE CHILISCHOTEN
100 G GEMISCHTE SPROSSEN (ASIALADEN)
2 EL GERÖSTETE, GESALZENE ERDNÜSSE
8 THAIBASILIKUMBLÄTTER
2 EL KORIANDERBLÄTTER

1. Die Bratenscheiben in Würfel schneiden, salzen und pfeffern. Die Schalotten schälen, in Ringe schneiden und im heißen Öl frittieren. Auf Küchenkrepp abtropfen lassen.
2. Die Zuckerschoten putzen und in kochendem Wasser ca. 1 Minute blanchieren. Mit sehr kaltem Wasser abschrecken. Sorgfältig abtropfen lassen und in feine Streifen schneiden.
3. Sojasauce, Sesamöl und Honig in einer Schale gut verrühren. Mit Limettensaft und abgeriebener Schale abschmecken. Chilischote in feine Ringe schneiden, Kerne entfernen und Chiliringe unter die Sauce mischen.
4. Sprossen kurz abspülen und trockenschleudern. Erdnüsse grob hacken, Basilikum- und Korianderblätter fein schneiden.
5. Zuckerschoten, Fleisch, Sprossen, Kräuter und Schalottenringe auf 4 dekorative Schüsselchen verteilen. Sojadressing darüber geben und mit den Erdnüssen bestreuen.

Dieser Salat ergibt ein sättigendes und gesundes Abendessen an einem der Feiertage. Also am besten beim Weihnachtseinkauf gleich die asiatischen Zutaten mit besorgen. Vielleicht brauchen Sie sie gar nicht, weil vom Barolo-Braten nichts übriggelassen wurde. Dann machen Sie eben spontan etwas Pfannengerührtes mit Fleisch aus dem Tiefkühlvorrat!

ZANDER AUS DEM OFEN MIT GRATINIERTEM STAUDENSELLERIE

gesund, dabei mit Raffinement – geht schnell – achten Sie auf hochwertige Zutaten!

ZUTATEN (FÜR 4 PERSONEN)

1 STANGE STAUDENSELLERIE
1 BUND DILL
300 ML HAUSGEMACHTE HÜHNERBRÜHE (ERSATZWEISE 1 EL INSTANT-HÜHNERBRÜHE AUF 300 ML KOCHENDES WASSER)
200 ML SAHNE
500 G ZANDERFILETS
6–7 EL FEINSTES OLIVENÖL
3–4 EL ZITRONENSAFT
180 ML TROCKENER WEISSWEIN
150 G FRISCH GERIEBENER PARMESAN
1 KRÄFTIGE PRISE SALZ (MEERSALZ)
SCHWARZER PFEFFER AUS DER MÜHLE

Garnitur:
EIN PAAR DILLZWEIGE

1. Fisch abspülen und trockentupfen. Filets in eine feuerfeste Auflaufform legen. Mit dem Zitronensaft marinieren. Backofen auf 150 °C vorheizen.
2. Staudensellerie putzen und in 2 Zentimeter lange Stücke schneiden. In einer großen Pfanne die Hühnerbrühe erhitzen bzw. aus dem Instantprodukt eine Brühe herstellen. Das Gemüse darin unter ständigem Rühren etwa 10 Minuten köcheln lassen. Nach und nach den Wein angießen.
3. Das Gemüse samt dem Blanchiersud zum Fisch in die Form geben. Die Zanderfilets sollten komplett vom Gemüse bedeckt sein. Sahne angießen und alles kräftig salzen.
4. Dill sehr fein hacken. Parmesan reiben. Beides über den Staudensellerie streuen, dabei kräftig pfeffern. Zum Schluss die Form mit dem Olivenöl besprenkeln. In der Mitte des Ofens 30 Minuten gar ziehen lassen.

Dazu passt im Winter ein luftig geschlagenes Kartoffelpüree. Im Frühling erweisen sich die ersten Mai-Kartoffeln, einfach in Petersilienbutter geschwenkt, als wahrhaft perfekte Begleiter.

Sellerie wird seit langem als Heil- und Würzpflanze sowie als Gemüse verwendet. Gratiniert als Beilage zu Fisch bietet er das besondere Etwas – auf gesunde Art.

N. 150.

Desserts – Süßes für die Sinne

Liebeläutend zieht durch Kerzenhelle,
Mild, wie Wälderduft, die Weihnachtszeit,
Und ein schlichtes Glück streut auf die Schwelle
Schöne Blumen der Vergangenheit.

AUS: JOACHIM RINGELNATZ (1883–1934), WEIHNACHTEN

Zuckerwerk zu verteufeln hat keinen Sinn, denn die Lust daran ist dem Menschen angeboren. Die Süße der Muttermilch sichert dem Neugeborenen das Überleben, wie auch der Genuss frischer Beeren und manchmal der unverhoffte Fund wilden Honigs dem Jäger und Sammler schnelle Energiezufuhr versprachen. Die Natur hat also in einer sehr frühen Phase des Menschseins dafür gesorgt, dass wir den Luxus des Süßen blitzschnell erkennen und genießen.
Ernährungsphysiologisch ist der Zucker – ob weiß, ob braun – für unseren Körper nicht wichtig. Aber die europäischen Esstraditionen wollen es so, dass ein Mahl, gerade wenn es üppig und mit Aufwand zelebriert wird, nicht ohne eine süße Kleinigkeit beschlossen wird: Andernfalls würde etwas fehlen. Asiaten kennen dieses süße Finale nicht; Franzosen und andere Gourmets bevorzugen manchmal (gewiss nicht immer und schon gar nicht dogmatisch) eine gut ausgewählte Käseplatte als letzten magenschließenden Gang eines Menüs.
Seit Zucker in immer reinerer und feinerer Form aus dem Saft der Zuckerrübe gewonnen werden kann, seit feinste Schokoladen ohne Rückstände industriell hergestellt werden können und vor allem seit eine Reihe von elektrischen Erfindungen – Rührgeräte, Backöfen bzw. Eismaschinen – zum Standard gastronomischer wie privater Küchen gehören, sind die Nachspeisen immer raffinierter geworden. Nicht umsonst genießt der Patissier, also der Zuckerbäcker, in der Küchenbrigade eines besternten Hauses genauso viel Respekt wie der Chefkoch selbst. Wo der Luxus obwaltet, leistet man sich gewissermaßen die Dreingabe eines eigenen Fachmannes für das Süße. Denn man sieht's: Die beiden Posten sind nicht austauschbar; wer gut kocht, hat nicht automatisch ein Händchen für die Desserts und umgekehrt. Während Köche oft ein untrügliches (Bauch-)Gefühl für Gewürze und Garzeiten haben, sind Patissiers auf absolut akkurates Arbeiten angewiesen, wenn ihre Kreationen ein ums andere Mal gelingen sollen. Dass diese Desserts nicht selten bis zur Fertigstellung viele Arbeitsschritte benötigen, braucht nicht extra erwähnt zu werden. Mehr noch als ihre kochenden Kollegen können Zuckerbäcker jedoch mit Farben, Formen, Konsistenzen, Würze und Geschmack spielen.
Wann leisten Sie sich eigentlich den Luxus solcher Verspieltheit? Vielleicht sonntags, bestimmt aber, wenn Sie Gäste festlich bewirten wollen. Die Desserts, die nun folgen, mögen die eine oder andere Anregung dazu bieten. Es sind zwar keine Sternekreationen darunter, doch lauter Dinge, die ich selbst gerne mag: mit Schokolade, mit Mohn, aus dem Eisfach, aber auch Ofenwarmes, Leichtes neben Habhaftem, Edles neben Bodenständigem, Klassiker, aber eben mit dem gewissen Etwas. Vielleicht hören Sie schon bald den Satz sagen: »Nächstes Weihnachten darf's ruhig wieder diese tolle Crème brûlée mit Ingwer geben!« Ist das nicht Kompliment genug?

Die öl- und kalziumhaltigen Samen des Schlafmohns, auch Blaumohn genannt, finden vor allem in den Süßspeisen der k.u.k.-Küche Verwendung.

××

SCHUPFNUDELN MIT MOHN

k.u.k.-Küche lässt grüßen – von Kindern heiß geliebt – nach einer Gemüsesuppe als süße Hauptspeise

ZUTATEN (FÜR 4 PERSONEN)

400 G MEHLIG KOCHENDE KARTOFFELN
50 G WEICHE BUTTER
2 EIGELB (VON EIERN DER GRÖSSE M)
150 G FRISCH GESIEBTES MEHL
1 KRÄFTIGE PRISE SALZ
1 HAUCH FRISCH GERIEBENER MUSKAT
(WENIGER ALS 1 PRISE)
200 G MOHNBACK (Z.B. FIRMA BACKSTUBE)
30 G BUTTER FÜR DIE MOHNSCHMELZE

Außerdem:
PUDERZUCKER ZUM BESTÄUBEN

fft/vnd Wirckung.

1. Die Kartoffeln mit der Schale in reichlich Salzwasser garen. Ausdampfen lassen, pellen und vollständig abkühlen lassen. Mit einer Kartoffelpresse auf das Nudelbrett durchpressen, wo man bereits das gesiebte Mehl aufgehäuft und mit einer kleinen Kuhle versehen hat. Die zimmerwarme Butter und die Eidotter zugeben. Mit Pfeffer sowie Muskat würzen. Zu einem glatten Teig verkneten und zur Kugel formen.

2. 20 Minuten abgedeckt ruhen lassen. Auf dem frisch bemehlten Nudelbrett den Teig mit den Händen portionsweise zu langen, dünnen Röllchen verarbeiten, aus denen man ihrerseits wieder ca. 5 Zentimeter lange, an den Enden spitz zulaufende Schupfnudeln formt.

3. In einem großen Topf genügend Salzwasser (5 l) aufkochen. Damit die Nudeln nicht verkleben, 250 ml kaltes Wasser und 3 EL Mehl verquirlen und mit in das Kochwasser rühren. Nudeln in 3 Portionen darin kochen. Sie sind jeweils gar, wenn sie an der Oberfläche schwimmen. Mit einem Schaumlöffel herausheben, unter fließendem kalten Wasser abschrecken, abtropfen lassen und sofort in der vorbereiteten Mohn-Butter-Mischung wälzen.

4. Auf vorgewärmten, tiefen Tellern portionieren und mit Puderzucker bestäuben. Noch heiß servieren.

Tipp: Viele Feinkostläden in Süddeutschland bieten fertige frische Schupfnudeln von ausgezeichneter Qualität an. Wenn es einmal schnell gehen muss, greifen Sie ruhig auf diese zurück. Dann steht der »Nachtisch« in 15 Minuten auf dem Tisch!

Für die Mohn-Puristen gilt: Mohn schmeckt natürlich am besten, wenn er vor dem Gebrauch mit einer von Hand gedrehten Mohnmühle gemahlen wurde. Eine solche sollte sich jeder Mohnliebhaber als Urlaubssouvenir aus Polen, Ungarn, Rumänien oder Tschechien mitbringen. Den Mohn in der elektrisch betriebenen Mulinette zu bearbeiten, bringt nicht annähernd den gleichen Geschmack hervor, weil die Mohnsamen idealerweise nicht »gehackt«, sondern »gewalzt« sein wollen. Der so gemahlene Mohn muss danach noch mit etwas Milch, Zucker und nach Wunsch mit abgeriebener Zitronen- oder Limettenschale aufgekocht werden. Erst dann mit der Butter und den frisch gekochten Schupfnudeln vermengen. Hmmm!

Orangen – ob in einem süß-würzigen Orangen-Sternanis-Granita, einer sahnigen Orangen-Quarkmousse oder einfach pur mit Zimt und Zucker – verleihen jedem Dessert eine frische, sanfte Säure.

XXXXXXXXXXXXXXXXXXXXXXXXXXXXXXXXXXXXXXXXXXXXXXX

ORANGEN-STERNANIS-GRANITA

eine bitter-süße Erfrischung aus Orangensaft, Campari, frischem Ingwer und einem Hauch Vanille – ideal nach einem opulenten Festmenü – gut vorzubereiten – sollte über Nacht durchziehen

ZUTATEN

8 ORANGEN À CA. 200 G, AM BESTEN BIO
50 G INGWER
2 STERNANISFRÜCHTE
100 G ZUCKER
600 ML ORANGENSAFT
200 ML CAMPARI
MARK VON 1 VANILLESCHOTE
1 TL SPEISESTÄRKE

Außerdem:

JE 1 BLÄTTCHEN ZITRONENMELISSE PRO PORTION ZUM DEKORIEREN

1. Ingwer schälen und würfeln. 4 der Orangen schälen und zerschneiden. Mit Ingwer, Sternanis, 50 g Zucker und 400 ml Orangensaft 20 Minuten köcheln lassen. Sternanis entfernen, den Rest pürieren und auskühlen lassen. Orangenmasse etwa 2 Zentimeter hoch in ein flaches Gefäß (z.B. eine Auflaufform) einfüllen. Über Nacht ins Tiefkühlfach stellen.

2. Restliche Orangen großzügig schälen, so dass die weiße Haut vollständig entfernt wird. Orangen in dünne Filets schneiden. Übrigen Orangensaft und Zucker mit Campari und Vanillemark in einen Topf geben, erhitzen und auf die Hälfte einkochen. Stärke mit 2 EL kaltem Wasser verrühren, zum Saft gießen und kurz aufwallen lassen. Mit den Orangenscheiben vorsichtig mischen und über Nacht ebenfalls (nur im Kühlschrank) durchziehen lassen.

3. Kurz vor dem Servieren das Eis aus dem Gefrierfach nehmen. Die in Campari marinierten Orangenfilets bereitstellen. Das Dessert nun in schönen vorgekühlten Gläsern wie folgt arrangieren: Zuerst etwas Orangenkompott auf die Gläser verteilen, dann das mit einer Gabel zu groben Kristallen gekratzte Eis darauf schichten. Zuletzt mit der Melisse verzieren.

Wenn Kinder mitessen, beim Anrichten einfach das Kompott weglassen!

XXXXXXXXXXXXXXXXXXXXXXXXXXXXXXXXXXXXXXXXXXXXXXX

××××××××××××××××××××××××××××××××××××

APFELCRUMBLE MIT VANILLESAUCE

Klassiker, einmal weihnachtlich gewürzt – kommt bei Jung & Alt gut an – preiswert – kann 2–3 Stunden vorbereitet im Kühlschrank warten, sollte aber frisch aus dem Ofen genossen werden

ZUTATEN (FÜR 4 PERSONEN ODER ENTSPRECHEND MEHR, JE NACH GRÖSSE DER FÖRMCHEN)

800 G ÄPFEL, Z.B. COX ORANGE
75 G BUTTER
1 ½ TL LEBKUCHENGEWÜRZ
50 G GEMAHLENE MANDELN
100 G MEHL
125 G ZUCKER
250 ML ROTWEIN
250 ML KLARER APFELSAFT
2 EL ZITRONENSAFT
1 EL ZIMT
1 EL SPEISESTÄRKE
5 EL CALVADOS
200 ML SAHNE (1 BECHER)
20 G PUDERZUCKER
1 VANILLESCHOTE, AUSGEKRATZT
1 PRISE SALZ

Außerdem:
4 FEUERFESTE FÖRMCHEN À CA. 12 ZENTIMETER DURCHMESSER

1. Butter und Lebkuchengewürz in einer kleinen Pfanne kurz anschwitzen. In einer Schüssel Mandeln, Mehl, 75 g Zucker und Salz mischen. Butter zugeben. Alles mit den Händen verkneten, bis daraus kleine Streusel entstehen. Schüssel mit Klarsichtfolie bedeckt bis zum weiteren Gebrauch in den Kühlschrank stellen.
2. Rotwein, Apfel-, Zitronensaft, Zimt und übrigen Zucker mischen. Auf die Hälfte einkochen lassen. Äpfel schälen, vierteln, entkernen und in mundgerechte Stücke schneiden. Im Saft aufkochen lassen. Stärke mit 3 EL Calvados verrühren, zugeben und unter Rühren noch einmal kurz zum Kochen bringen.
3. Backofen auf 190 °C vorheizen. Äpfel auf die Förmchen verteilen. Streusel darüber geben. Auf der unteren Schiene des Ofens 35–40 Minuten garen. Herausnehmen.
4. Sofort die Sahne steif schlagen. Dabei das Vanillemark und (nach Wunsch) den restlichen Calvados hinzufügen.
5. Crumble mit Puderzucker bestäuben und mit der Schlagsahne lauwarm servieren.

Auch hier gilt: In der Apfelmischung verdampft der Alkohol; beim Aromatisieren der Sahne kann er gerne weggelassen werden. Das Dessert ist auch so ein himmlischer Genuss …

××××××××××××××××××××××××××××××××××××

××××××××××××××××××××××××××××××××××××

LEBKUCHENSOUFFLÉ

weihnachtlicher geht's kaum – für Gewürze-Fans – braucht etwas Erfahrung – typisches À-la-minute-Gericht

ZUTATEN (FÜR 6 PERSONEN)

50 G BUTTER
70 G MEHL
¼ L MILCH
35 G KASTANIENHONIG, ERSATZWEISE EIN MILDER HONIG, Z.B. AKAZIE ODER LÖWENZAHN

LINKE SEITE:
Äpfel gehören zu den traditionellen Winterfrüchten und durften früher in keinem Nikolausstrumpf fehlen.

RECHTE SEITE:
Zaubert den Winter auf jede Festtagstafel: Früchte mit Zuckerschnee. Dazu einfach Früchte wie Äpfel, Birnen oder Trauben mit Eiweiß bestreichen und anschließend mit Zucker bestreuen. Den überschüssigen Zucker abschütteln und die Früchte über Nacht trocknen lassen.

70 G ZUCKERRÜBENSIRUP (REFORMHAUS)
1 TL GEMAHLENER ZIMT
1 TL GEMAHLENER INGWER
1 HAUCH GEMAHLENE NELKEN (WENIGER ALS
1 PRISE)
1 PRISE PIMENT
1 PRISE MUSKATNUSS
1 PRISE GEMAHLENER KARDAMOM
1 GANZES EI (GRÖSSE L)
4 EIGELB
4 EIWEISS
90 G DEMERARA-ZUCKER (BRAUNER ZUCKER)

Außerdem:
6 SOUFFLÉ-FÖRMCHEN VON JE 200 ML INHALT
ETWAS BRAUNER ZUCKER SOWIE BUTTER
(CA. 50 G) FÜR DIE FÖRMCHEN
3–4 EL PUDERZUCKER ZUM BESTÄUBEN

1. Die Soufflé-Förmchen mit Butter einfetten und mit Zucker ausstreuen, bis die Ränder und die Böden lückenlos bedeckt sind. Den überschüssigen Zucker ausklopfen, beispielsweise über der Spüle.

2. Für die Soufflémasse die Butter in einem Topf mit schwerem Boden zerlassen, das Mehl einrühren und unter beständigem Rühren hellbraun (sehr hell) anschwitzen. Die bereitgestellte Milch nach und nach einrühren, bis eine homogene – knötchenlose – Masse entstanden ist. Den Honig und die Zuckerrübenmelasse untermischen und etwa 15 Minuten unter ständigem Rühren bei geringer Wärmezufuhr köcheln lassen. Die Gewürze hinzufügen.

3. Die Masse in eine Rührschüssel umfüllen, das ganze Ei unter die noch heiße Masse rühren und dabei etwas abkühlen lassen. Die Eigelbe nacheinander in die noch lauwarme Teigcreme einarbeiten.

4. Die Eiweiße sodann zu steifem Schnee schlagen, dabei nach und nach den Demerara-Zucker einrieseln lassen. Den Schnee mit einem Kochlöffel vorsichtig unter die Teigcreme ziehen.

5. Den Backofen auf 180 °C vorheizen. Nun die fertige Soufflémasse bis etwa 1 Zentimeter unter den Rand in die Förmchen einfüllen. Alle Soufflés auf das Gitter des Backofens stellen, das auf der mittleren Einschubleiste aufliegen sollte. Soufflé 20 Minuten backen. Vorsicht: Ähnlich wie bei Biskuitteigen sollte die Backofentür geschlossen bleiben – bei Tempe-

raturschwankungen fällt die Soufflémasse in sich zusammen, statt weiter aufzugehen.

6. Die gebackenen Soufflés aus dem Ofen nehmen, mit Puderzucker besieben und in den Förmchen sofort servieren. Dazu passt ein schlichtes Kompott aus Quitten oder Birnen.

Dieser Nachtisch empfiehlt sich vor allem für eine große Runde. Wenn Vorspeisen und Hauptgang so gewählt sind, dass sie kaum Arbeit machen und die Zutaten für das Soufflé schon bereitstehen, ist der Aufwand überschaubar. Ein Soufflé ist freilich immer Präzisionsarbeit, gelingt aber auch Anfängern, wenn diese sich genau an die Vorgehensweise halten.

Tipp: Verwenden Sie bitte nur frisch gemahlene Gewürze aus dem Fachhandel. Der Geschmack Ihrer Desserts und Backwaren wird Sie entlohnen!

xxxxxxxxxxxxxxxxxxxxxxxxxxxxxxxxxxxxxxxxxxxxxxxxxxx

xxxxxxxxxxxxxxxxxxxxxxxxxxxxxxxxxxxxxxxxxxxxxxxxxxx

ORANGEN-QUARKMOUSSE

leicht & sahnig – einfach zu machen – schmeckt jedem – lässt sich ideal vorbereiten – wird Ihre Gäste verzaubern

ZUTATEN (FÜR 6 PERSONEN)

Für die Quarkmousse:
2 BLATT GELATINE
2 ORANGEN, AM BESTEN BIO
3 EIGELB (VON EIERN DER GRÖSSE M)
50 G ZUCKER
MARK EINER ½ VANILLESCHOTE
1 KLEINE PRISE SALZ
250 G MAGERQUARK, DER ÜBER NACHT AUS-
TROPFEN DURFTE
200 ML SCHLAGSAHNE

Für die Basilikum-Orangen-Brösel (Garnitur):
3–4 EL GEHACKTE MANDELKERNE
1 ORANGE, AM BESTEN BIO
10 BASILIKUMBLÄTTER

Außerdem:
6 METALLRINGE À 6–8 ZENTIMETER DURCHMESSER

1. Für die Quarkmousse: Gelatine in kaltem Wasser einweichen. Eine der unbehandelten Orangen heiß abspülen und

Mit ganz einfachen Mitteln lassen sich wunderschöne Tischdekorationen herstellen. Hier etwa gehen rote Rosen, Feigen und Trauben eine harmonische Verbindung ein.

trockenreiben. Die Schale auf der feinen Seite der Küchenreibe abreiben. Von beiden Orangen den Saft auspressen und 120 ml davon abmessen.

2. Orangenschale und -saft mit Eigelb, Zucker, Vanillemark und der knappen Prise Salz in einem Schlagkessel über heißem, aber nicht kochendem Wasser mit den Quirlen des Handmixers zu einer cremig-dicklichen Masse aufschlagen. Das dauert ca. 10 Minuten. Vom Wasserbad nehmen, die sorgfältig ausgedrückte Gelatine unter Rühren darin auflösen. Den Quark unterrühren. Masse kalt stellen, bis sie leicht zu gelieren beginnt. Dies ist innerhalb von 15–20 Minuten der Fall.

3. Inzwischen die Sahne steif schlagen. Sahne nach und nach mit dem Teigschaber vorsichtig unter die Quarkmasse heben.

4. Eine Platte mit Frischhaltefolie bedecken. Die 6 Metallringe darauf setzen. Die Quarkmousse randhoch und gleichmäßig in die Ringe füllen. Mindestens 5 Stunden kalt stellen, bis die Mousse fest ist.

5. Für die Basilikum-Orangen-Garnitur: Die Mandelkerne ohne Fett in einer Pfanne goldbraun rösten. Vorsicht: Die zeitliche Spanne von »goldbraun« bis »schwarz« ist hier kurz! Beiseitestellen und abkühlen lassen. Die für die Garnitur vorgesehene Orange heiß abspülen und trockenreiben. Die Orangenschale mit dem Zestenreißer bearbeiten und dünne Streifen abschälen. Dabei sollte nicht allzu viel bitter schmeckendes Weißes haften bleiben. Wer mag, kann das Aroma der Zesten noch verfeinern und diese in sehr süßem Zuckerwasser aufkochen und so kandieren. Kurz vor dem Anrichten in beiden Fällen Basilikumblätter mit den Fingern zerkleinern und mit den (kandierten) Orangenzesten und den gerösteten Mandeln vermischen.

6. Die Quarkmousse mithilfe eines scharfen Messers aus den Ringen lösen und mit dem Gemisch aus Kräutern, Orangenzesten und Mandeln bestreut servieren.

Der pfeffrige Geschmack des Basilikums bildet einen interessanten Kontrast zur milden, auf der Zunge zergehenden Mousse. Aber auch das Auge isst mit und freut sich über etwas Farbe auf dem ansonsten hellen Nachtisch. Wer mag, kann durch die Wahl farbiger Dessertteller zusätzliche Akzente setzen.

xxxxxxxxxxxxxxxxxxxxxxxxxxxxxxxxxxxxxxxxxxxxxxxxxxxxx

xxxxxxxxxxxxxxxxxxxxxxxxxxxxxxxxxxxxxxxxxxxxxxxxxxxxx

CRÈME BRÛLÉE AUS SCHOKOLADE UND INGWER
festlich – für Gourmets – braucht Geschick & Erfahrung – macht süchtig – preiswert

ZUTATEN (FÜR 4 PERSONEN)
150 G HOCHWERTIGE ZARTBITTERSCHOKOLADE
100 G FRISCHER INGWER
¼ L VOLLMILCH, AM BESTEN BIO
¼ L SCHLAGSAHNE, AM BESTEN BIO
100 G FEINZUCKER
1 EL BRAUNER RUM
6 EIGELB
4–6 EL DEMERARA-ZUCKER (BRAUNER ROHRZUCKER)

Außerdem unentbehrlich:

EIN BUNSENBRENNER ZUM FACHGERECHTEN KARAMELLISIEREN DER DESSERTOBERFLÄCHE SOWIE GLÄSERNE FÖRMCHEN

1. Den Ingwer schälen und fein reiben. Die Schokolade in kleine Stücke brechen.

2. Den Ofen auf 110 °C vorheizen. Milch, Sahne und Zucker in einer Sauteuse aufkochen. Die Hitze deutlich reduzieren. Schokolade in die heiße Sahne-Milch-Mischung geben und unter ständigem Rühren schmelzen lassen. Die Schokosahne mit dem Ingwer und dem Rum aromatisieren.

3. Vom Herd ziehen. Die Flüssigkeit sollte nicht mehr kochen, wenn Sie nun die Eigelbe nacheinander unterrühren.

4. Währenddessen ein heißes Wasserbad bereitstellen, das immer unter dem Siedepunkt gehalten werden sollte. Die Mischung in eine Schlagschüssel umfüllen und über dem Wasserbad zu einer Creme mit leicht dicklicher Konsistenz aufschlagen. Anschließend durch ein Haarsieb passieren, falls doch eventuell etwas Ei geronnen sein sollte.

5. Die Creme in feuerfeste Glasförmchen füllen und bei der oben angegebenen Niedrigtemperatur etwa 1 ½ Stunden im vorgeheizten Ofen garen. Herausnehmen und vollständig auskühlen lassen.

6. Die ausgekühlte Schokoladencreme gleichmäßig mit dem braunen Zucker bestreuen und diesen mit einem Bunsenbrenner karamellisieren.

Kann man dieses Geschmackserlebnis überhaupt noch steigern? Vielleicht mit kleinen selbst gemachten Ingwerkeksen …

xxxxxxxxxxxxxxxxxxxxxxxxxxxxxxxxxxxxxxxxxxxxx

Ingwer wirkt wärmend und ist daher das ideale Gewürz für winterliche Speisen. Dezent eingesetzt, gibt er Desserts ein außergewöhnliches Aroma.

China.
1. Blüthe
2. Frucht oder Beere
3. Kerne
4. Würkel wie sie in Apothecken zu haben

China Wurk.

BEEREN-WEIN-GELEE

zaubert Sommeraromen in triste Wintertage – im Nu fertig, muss aber 5–6 Stunden kühlen – ein Hingucker – schlank – für Ungeübte

ZUTATEN (FÜR 4–6 PERSONEN)

Für das Gelee:
100 G FEINZUCKER
8 BLATT GELATINE
400 ML TROCKENER WEISSWEIN
600 G GEMISCHTE BEEREN (HIMBEEREN, ROTE JOHANNISBEEREN, HEIDELBEEREN); TIEFKÜHLOBST AUF KÜCHENKREPP GUT ABTROPFEN LASSEN!

Für die Zitronensauce:
250 G SAHNEJOGHURT
4 EL PUDERZUCKER
ABGERIEBENE SCHALE VON EINER BIO-ZITRONE
3–4 EL COINTREAU (FRANZÖSISCHER ORANGENLIKÖR)

Außerdem:
EINE KASTENFORM MIT CA. 1 L INHALT

1. Zuerst das Gelee wie folgt zubereiten: Die Gelatine in reichlich kaltem Wasser einweichen. Den Zucker mit 100 ml Wasser verrühren und 4 Minuten offen sprudelnd kochen lassen. Von der Feuerstelle ziehen. Das Zuckerwasser sollte nun etwas auskühlen. Den Wein hinzufügen, danach erneut erhitzen und die ausgedrückte Gelatine unter Rühren darin auflösen.
2. Die Form knapp ½ Zentimeter hoch mit Gelee ausgießen und kalt stellen. Wenn das Gelee fast fest ist, was nach ca. 20 Minuten der Fall ist, 1 Lage Beeren einfüllen. Etwas Weinmischung darüber gießen und in der Kälte wieder fast fest werden lassen. So fortfahren, bis Früchte und Weinsud verarbeitet sind.
3. Die Form sorgfältig mit Klarsichtfolie verschließen, damit das Dessert keine fremden Gerüche annimmt. 5–6 Stunden im Kühlschrank vollständig fest werden lassen.
4. Für die Zitronensauce den Joghurt mit dem Puderzucker und der Zitronenschale glatt rühren; mit dem Likör abschmecken. Ebenfalls abgedeckt kalt stellen.
5. Die Beerensülze aus der Form stürzen, in 1 Zentimeter dicke Scheiben schneiden und mit der Sauce servieren.

Dieser Nachtisch hat natürlich auch dann Saison, wenn die Früchte garantiert frisch vom Wochenmarkt kommen. Wenn Kinder mitessen, kann man den Wein durch Holundersirup ersetzen. Der Zucker sollte dann besser entfallen. Die Sauce schmeckt übrigens auch ohne Likör erfrischend zitronig.

LINKE SEITE:

Himbeeren sind untrennbar mit Sommer verbunden. Auch tiefgekühlt holen sie im Winter in feinen Desserts den Sommer ins Haus.

RECHTE SEITE:

Zaubern den Sommer auf den Teller – Beeren in Weingelee.

Gebäck – Köstliches aus dem Ofen

Mein süßes Liebchen! Hier in Schachtelwänden
Gar mannigfalt geformte Süßigkeiten.
Die Früchte sind es heil'ger Weihnachtszeiten,
Gebackne nur, den Kindern auszuspenden!

Dir möcht ich dann mit süßem Redewenden
Poetisch Zuckerbrot zum Fest bereiten;
Allein was soll's mit solchen Eitelkeiten?
Weg den Versuch, mit Schmeichelei zu blenden!

Doch gibt es noch ein Süßes, das vom Innern
Zum Innern spricht, genießbar in der Ferne,
Das kann nur bis zu dir hinüberwehen.

Und fühlst du dann ein freundliches Erinnern,
Als blinkten froh dir wohlbekannte Sterne,
Wirst du die kleinste Gabe nicht verschmähen.

JOHANN WOLFGANG GOETHE (1749–1832), CHRISTGESCHENK

Anders als das Garen von Fleisch bedeutet die Herstellung von Gebackenem einen deutlichen Sprung in der Geschichte der menschlichen Zivilisation. Fleisch kann man am offenen Feuer braten, während die Herstellung von Backwaren der mehr oder minder ausgeklügelten Technik eines Ofens bedarf. Natürlich unterschieden auch die frühen Hochkulturen Mesopotamiens oder Ägyptens bereits vor 5000 Jahren – so weit zurück lässt sich nämlich die Geschichte des Backens verfolgen – zwischen so etwas Schlichtem wie dem täglichen Brot und dem deutlich luxuriöseren Feingebäck. Entscheidend für beides ist jedoch die Erfindung des Backofens. Er ermöglichte es einer Gemeinschaft sesshafter Menschen, das systematisch kultivierte Korn nicht mehr nur als Getreidebrei mit Wasser, Milch, Früchten oder Honig zu genießen, sondern es durch den Vorgang des Backens haltbarer zu machen. In unwirtlichen Gegenden schimmelte das Getreide schnell, wogegen Brot, gerade solches, das bei Unter- und Oberhitze oder gar doppelt gebacken wurde, eine stabile Kruste entwickelte. Sie schützte es vor äußerer Feuchtigkeit und Parasitenbefall. Ein weiterer Vorteil war, dass man diese Form von kohlehydratreicher Nahrung, die, wie jeder weiß, unentbehrlich für den menschlichen Körper ist, leichter als das unverarbeitete Getreide auf Kriegs- und Jagdzügen mitnehmen konnte. Nicht von ungefähr sind die alten Griechen und Römer, die die Kunst des Backens bereits lange vor der Zeitenwende von den Völkern jenseits des Mittelmeeres übernommen hatten, als erfolgreiche Eroberer bekannt. Aber nicht nur das Brot, gesäuert oder ungesäuert, war in der Antike bekannt. Im 4. Jahrhundert vor Christus hatte Sizilien als griechische Kolonie beispielsweise bereits ein gut funktionierendes Bäckerei- und Konditorgewerbe. Konditoren und Bäcker griechischer Abstammung galten noch Jahrhunderte später im Rom der Kaiserzeit als die besten ihres Faches. Sie stellten ihr Luxusgebäck mit großem handwerklichen Aufwand und teuren Zutaten wie Nüssen, mit Wein gerührten Musfüllungen sowie exotischen Gewürzen her. Geschmack und Raffinement der Backwaren nahmen nun zu, da man die Mahlvorrichtungen für das Korn technisch spürbar verbessern konnte und so auf feineres Mehl denn je Zugriff hatte.
All diese technischen Kenntnisse, aber auch den verfeinerten Geschmack brachten die römischen Legionäre mit über die Alpen: Formen für Napfkuchen, die den heutigen sehr ähnlich sehen, sowie Brot- und andere Gebäckstempel – teils mit heidnischen, teils schon mit christlichen Motiven – aus der Frühzeit römischer Eroberungen in Süddeutschland belegen, wie willkommen die fremden Erfindungen waren. In dieser Zeit hat vermutlich auch eine Vielzahl von »Gebildbroten«, das heißt Gebäck mit figürlichen Darstellungen, ihren Ursprung. Um diese Entwicklung zu verstehen, an deren Ende nichts Geringeres als unsere heutigen Zimtsterne, Hefezöpfe, Stutenmänner und Brezeln stehen, sollte man sich Folgendes in Erinnerung rufen: In den ersten Jahrhunderten nach Christi Geburt beherrschten noch zwei Kulturkreise das religiöse Leben der mitteleuropäischen Völker und Stämme: der heidnische Totenkult auf der einen, der Fruchtbarkeitskult auf der anderen Seite.
Die heidnischen Rituale waren zudem eng mit dem Gang der Natur und dem Lauf der Jahreszeiten verbunden. Es wundert daher nicht, dass sich hier Gebäckformen vom Aussehen her

Für den dekorativen Kranz aus Sternanis und Zimt einen Kranz aus braunem Steckschaum mit den Sternanisfrüchten und den in Stücke zerteilten Zimtstangen bekleben – fertig ist ein ungewöhnlicher Adventskranz, der die Wohnung mit seinem Duft nach Weihnachtsgewürzen füllt.

wie Monde – Hörnchen, Kipferl –, wie die Sonne – sogenannte »Sonnen-« oder »Wirbelräder« – oder solche, die als
Ganzes Tiere darstellten, finden lassen. Bei Letzteren handelte
es sich vorwiegend um vitale Symbole der Fruchtbarkeit;
Pferd, Hase, Vogel oder Hirsch standen hier Pate. Große Bedeutung hatten auch Knoten- und Flechtgebäcke. Sie ließen
dem Bäcker/der Bäckerin einen weiten Spielraum in der Gestaltung des Gebäckes, waren aber in ihrer mythischen Bedeutung eindeutig. Der Knoten stand seit Urzeiten für Bindung,
Macht, Besiegelung, aber auch Bann und Fluch. Gebäcke
dieser Art spielen bei der Beherrschung böser Mächte – beispielsweise als Fasten- oder Neujahrsgebäck – wie auch bei
der Verbindung zweier Menschen im Hochzeitsritual eine
wesentliche Rolle.

Man weiß auch, dass die gehobene Backkultur der Römer,
ebenso wie andere kulturelle Errungenschaften, von den Klös-
tern getragen und verbreitet wurde. Ursprünglich heidnisches
Formengut wurde in christliches Gebildegebäck umgedeutet,
das Ungläubige, gewissermaßen indem sie es sich einver-
leibten, zum rechten Glauben führen sollte.

Backen, gerade das Backen von feinem Gebäck, wie es auch
dieses Buch vorstellt, war schon immer etwas Luxuriöses. Man
leistete sich die Ressourcen von Zeit, kostspieligen Zutaten,
Gewürzen und Energie – dies übrigens in vielen Gegenden bis
heute in einer Gemeinschaftsleistung mehrerer Menschen –
nur, wenn es etwas zu feiern gab. Von Familie zu Familie, von
Region zu Region, von Volk zu Volk ist der Variantenreichtum
hier zwar unüberschaubar groß, aber im Einzelnen einer
machtvollen Tradition unterworfen. Weil Gebäck ein recht
haltbares Aussehen hat (anders als andere Gerichte), sehen wir
darin eben unsere Familie, die Gegend, aus der wir kommen.
Welche/r Backbegeisterte kennt nicht den Ehrgeiz, die Kipferl
so zu formen, wie es die Großmutter bereits gemacht hat.
Dann erst werden sie authentisch …

Bestimmte Düfte, wenn sie aus dem Ofen steigen, verbinden
wir mit Weihnachten, bestimmte Gebäckformen wirken festlich, andere, besonders schlichtes Hefegebäck, verbinde ich
persönlich mit Sonntagen.

Suchen Sie sich in den folgenden Rezeptvorschlägen aus, was
Ihnen schmecken könnte. Genießen Sie die Zeit, in der Sie
das Gebäck herstellen, jedoch genauso wie hinterher, wenn Sie
sich und andere damit verwöhnen. Gutes Gelingen!

MINI-CHRISTMAS-PUDDINGS MIT BRANDY

angelsächsisch inspiriert – gehaltvoll – zum Five o' Clock Tea
oder als Dessert – gehaltvoll und würzig – für Gäste – können
und müssen ca. 1 Woche im Voraus gebacken werden

ZUTATEN (FÜR ETWA 75 STÜCK)

Für den Rührteig:
125 G WEICHE BUTTER
100 G ZUCKER
1 HAUCH SALZ
1/2 PÄCKCHEN VANILLEZUCKER
2 EIER (GRÖSSE L)
200 G MEHL
½ PÄCKCHEN BACKPULVER
50 G GEMAHLENE MANDELN
10 G LEBKUCHENGEWÜRZ

Für die Füllung:
25 G KORINTHEN
25 G GETROCKNETE CRANBERRIES
25 G GETROCKNETE PFLAUMEN
25 G ORANGEAT
100 ML (ENGLISCHES) STARKBIER
40–45 ML BRANDY
½ APFEL (CA. 75 G)

Außerdem:
1–2 SILIKONFORMEN MIT GUGELHUPFMULDEN
EVENTUELL FETT FÜR DIE FORM
PUDERZUCKER ZUM LEICHTEN BESTÄUBEN

Korinthen, Cranberries und
Pflaumen verleihen dem
Christmas Pudding seinen
einzigartigen Geschmack.

1. Für die Füllung: Trockenfrüchte fein hacken und mit dem
Bier bei moderater Hitze etwa 10 Minuten kochen lassen.
25 ml Brandy zugeben und über Nacht ziehen lassen.
2. Den Apfel fein raspeln und zu den Früchten geben.
3. Backofen auf 150 °C vorheizen. Rührteig mit möglichst
zimmerwarmen Zutaten zubereiten, nämlich: Die Butter, den
Zucker, das Quäntchen Salz und den Vanillezucker mit den
Quirlen des Handrührers schaumig schlagen. Die Eier zufügen und etwa 6 Minuten weiterrühren. Mehl mit Backpulver
gründlich in trockenem Zustand vermengen. Auf die Butter-
Eier-Masse sieben. Die eingeweichten Früchte, das Lebkuchengewürz und die Mandeln sofort und nur kurz unterheben.
4. So viel kochendes Wasser in die Fettpfanne des Backofens
gießen, dass die Förmchen zur Hälfte im Wasser stehen.

5. Die Gugelhupfförmchen mit 2 Espressolöffeln knapp bis zum Rand mit Teig füllen, ins heiße Wasser stellen und mit Backpapier abdecken. Das Backpapier dabei nicht ins Wasser hängen lassen. Ca. 40 Minuten im Ofen gar ziehen lassen.
6. Puddings aus den Förmchen stürzen und sofort mit dem restlichen Brandy beträufeln. Restlichen Teig wie beschrieben fertig backen. 2 Silikonformen dieser Art beschleunigen die Arbeit natürlich ...
7. Die fertigen kleinen Puddings in einer Metalldose 1 Woche durchziehen lassen. Einen dürfen Sie natürlich vernaschen!
8. Vor dem Servieren mit ganz wenig Puderzucker bestäuben.

Die Puddings schmecken auch als festliches Dessert zu einem Kompott aus eingelegten Birnen oder Quitten.

xxxxxxxxxxxxxxxxxxxxxxxxxxxxxxxxxxxxxxxxxxxxxx

xxxxxxxxxxxxxxxxxxxxxxxxxxxxxxxxxxxxxxxxxxxxxx

KLEINE ENGADINER NUSSTORTE

für die weihnachtliche Kaffeetafel – Graubündner Köstlichkeit – haltbar – braucht etwas Übung im Umgang mit Mürbeteig

ZUTATEN (FÜR EINE TARTE-FORM MIT RUNDEM RAND UND 18 ZENTIMETERN DURCHMESSER)

Für den Mürbeteig:
200 G MEHL
100 G ZUCKER
1 EI
1 PRISE SALZ
107 G EISKALTE BUTTER
ETWAS MEHL ZUM AUSROLLEN

Für die Füllung:
13 G BUTTER
300 G ZUCKER
170 G GROB GEHACKTE WALNÜSSE
167 ML SAHNE

Zum Bestreichen:
1 EIGELB

Außerdem:
1 TL PUDERZUCKER ZUM BESTÄUBEN
LEICHT GESCHLAGENE UND MIT 1 PÄCKCHEN VANILLEZUCKER AROMATISIERTE SAHNE (200 ML)

a. Valeriana cornucopioides seu Indica.
b. Valerianella Orientalis semi= nilles, Vanillen
c. Vanilla, Va=

1. Das Mehl in eine Schüssel sieben. In der Mitte eine Mulde drücken und den Zucker, das Ei und das Salz hineingeben. Die Butter in Flöckchen auf dem Mehlrand verteilen. Die Zutaten von der Mulde her mit den Quirlen des Handmixers rasch zu einem geschmeidigen Teig kneten. Den Teig in eine Folie wickeln und 1 Stunde im Kühlschrank ruhen lassen.

Tipp: Dass der Teig durch den verhältnismäßig hohen Butteranteil schwer handhabbar ist, will ich nicht verschweigen. Man kann ihn deshalb getrost über Nacht kalt stellen und anderntags frühmorgens, wenn die Raumluft der Küche noch ungemütlich kalt erscheint, mit der Fertigstellung des Kuchens fortfahren.

2. Die Herstellung der Füllung geht wie folgt: In einer kleinen Pfanne mit schwerem Boden die Butter zerlassen. Nach und nach den Zucker dazugeben. Bei moderater Hitze und unter ständigem Rühren hellbraun werden lassen. Vorsicht: Der Karamellisierungsvorgang geht rasch vor sich! Daher die Butter-Zucker-Mischung keinen Moment lang aus den Augen lassen!

3. Die zerkleinerten Walnüsse zusammen mit der Sahne zugeben und zweimal aufkochen lassen. Die Nussmasse beiseitestellen und fast kalt werden lassen.

4. Teig aus dem Kühlschrank holen. Nun den Backofen auf 200 °C vorheizen. ⅔ des Teiges auf einer bemehlten Arbeitsfläche ausrollen. Die unausgefettete Tarte-Form sorgfältig damit auskleiden. Den überstehenden Teig am Rand abschneiden. Mit dem übrigen Drittel zu einer runden Platte ausrollen.

5. Die Nussmasse gleichmäßig auf den Teigboden verteilen und glatt streichen.

6. Das Eigelb verquirlen. Den Teigrand damit bestreichen. Die Teigplatte auflegen und am Rand fest andrücken. Die Platte mit dem übrigen Eigelb bepinseln. Mit einer Gabel Löcher hineinstechen, damit der Teig sich beim Backen nicht aufwirft.

7. Den Kuchen auf der mittleren Einschubleiste des Ofens 30–40 Minuten backen. Die Form aus dem Ofen nehmen und den Kuchen auf einem Kuchengitter abkühlen lassen. Den vollständig ausgekühlten Kuchen auf einen dekorativen Teller setzen und rundherum dick mit Alufolie einschlagen. So wartet er 2–3 Tage in einer kühlen Speisekammer (Kühlschrank ist zu kalt) auf seinen triumphalen, mit etwas Schlagsahne begleiteten Auftritt.

Diese Schweizer Nusstorte ist mein absoluter Lieblingskuchen: erst buttrig, dann nussig und schließlich karamellig im Geschmack! Eine Offenbarung ... Hübsch in Zellophan verpackt, mit einer roten Schleife und einem Ilixzweig verziert,

Die aus den fermentierten Kapseln einer Orchideenart gewonnene Vanille ist aus der Bäckerei, speziell der Weihnachtsbäckerei, nicht wegzudenken.

eignet sie sich in der Adventszeit übrigens perfekt zum Verschenken. Und hält garantiert nicht bis zum Fest …

×××

×××

»KÜRBISSTIELE«

donauschwäbische Spritzkrapfen – schlicht, aber sehr lecker – bei Kindern beliebt – süßer Hauptgang, gehaltvolles Dessert oder originelles Gebäck zur Kaffeestunde – preisgünstige Zutaten – dekorativ (Foto siehe Kapitel Getränke)

ZUTATEN (FÜR 6 PERSONEN)

½ L MILCH
2 TL ZUCKER
1 PRISE SALZ
350 G MEHL
5 EIER, GETRENNT
3 L NEUTRALES PFLANZENÖL ZUM AUSBACKEN
CA. 100 G ZIMTZUCKER ZUM BESTREUEN

Außerdem:

1 HANDSPRITZE FÜR SPRITZGEBÄCK MIT STERN-
FÖRMIGEM AUFSATZ
KÜCHENKREPP ZUM ABTROPFEN

1. Milch mit Zucker in einem Topf zum Kochen bringen, salzen und vom Herd ziehen. Das Mehl auf einmal hineinschütten und zu einem glatten Teig verrühren. Dann bei schwacher Hitze die Masse so lange rühren, bis sich ein Teigkloß bildet.
2. Den Topf von der Feuerstelle nehmen, auskühlen lassen.
3. Eiweiße zu festem Schnee schlagen. Beiseitestellen.
4. Die Eigelbe nach und nach unter den ausgekühlten Brandteig rühren, dabei die Masse jedes Mal sorgfältig glatt rühren.
5. Zum Schluss den Eischnee unter den Teig mischen.
6. In einem Topf das Fett auf ca. 180 °C erhitzen. Zum Test: ein Klümpchen Brot sollte sich goldbraun ausbacken lassen.
7. Die Handspritze mit der Brandteigmasse füllen. Fingerlange »Kürbisstiele« ins heiße Öl gleiten lassen und diese goldbraun frittieren. Fertiges Gebäck auf Küchenkrepp abtropfen lassen und sofort in Zimtzucker wenden. Köstlich!!!

Tipp: Die Kürbisstiele sind übrigens der Renner auf jedem Kindergeburtstag!

×××

×××

SABLÉS NANTAIS

eine Keksspezialität aus der französischen Stadt Nantes – raffiniert, dabei leicht zu machen – für Liebhaber edlen Geschmacks, gepaart mit schlichtem Aussehen – ideales Teegebäck für anspruchsvolle Gäste – nicht nur zur Weihnachtszeit empfehlenswert

ZUTATEN (FÜR CA. 50 KEKSE)

200 G FEINSTE FRANZÖSISCHE FASSBUTTER
(UNGESALZEN), AUS DEM BIO-LADEN
200 G PUDERZUCKER
1 EI, VERQUIRLT
4 EIGELB
5 TROPFEN VANILLEAROMA-BACKÖL
400 G BIO-WEIZENMEHL (TYPE 405)
1 PRISE SALZ
½ TL BACKPULVER
1 HAUCH GEMAHLENER ZIMT (ETWAS WENIGER
ALS 1 PRISE)
1 TL MOKKA-LIKÖR

Außerdem:

1 RUNDE AUSSTECHFORM MIT GEWELLTEM
AUSSENRAND OHNE LOCH (DURCHMESSER
7 ZENTIMETER)
2 BACKBLECHE
BACKPAPIER
PROFI-AUSWELLFOLIE (FACHHANDEL)

1. Butter und Zucker mit einem Handmixer schaumig rühren. Die Hälfte des verquirlten Eis mit den Eigelben verrühren. Portionsweise zur Buttermischung geben und hochtourig weiterrühren. Das Vanilleöl ebenfalls einrühren.
2. Mehl, Salz, Backpulver und Zimt vermengen, auf die Buttermischung sieben und unterziehen. Rasch einen geschmeidigen Teig herstellen, der in Klarsichtfolie eingewickelt mindestens 2 Stunden ruhen sollte. Sie können ihn natürlich auch am Vortag herstellen. Dies empfiehlt sich bei einem butterreichen, schwer handhabbaren Teig wie diesem umso mehr. Wenn Arbeitsflächen und Raumluft der Küche am frühen Morgen noch angenehm kühl sind, ist es ungleich leichter, gleichmäßig dicke und gleichmäßig runde Kekse herzustellen.
3. Den Rest des verquirlten Eis (über Nacht selbstverständlich ebenfalls gekühlt) mit dem Mokka-Likör vermischen und

beiseitestellen. Butterteig aus dem Kühlschrank nehmen.

4. Den Teig zwischen Klarsicht- oder spezieller Auswellfolie 3 Millimeter dick ausrollen. Kekse ausstechen und auf die mit Backpapier ausgelegten Backbleche anordnen. Den restlichen Teig in den Kühlschrank stellen. Die bereits bestückten Bleche ebenfalls für weitere 20 Minuten im Winter auf Terrasse oder Balkon, im Sommer an einen anderen kühlen Ort stellen.

5. Backofen auf 190 °C vorheizen. Kekse unmittelbar vor dem Backen mit der Ei-Mokka-Mischung bestreichen. Mit einer Gabel ein schlichtes Muster aus gekreuzten, senkrecht aufeinander stehenden Linien in die Oberseite der Plätzchen ritzen.

6. Kekse etwa 12 Minuten goldbraun backen. Sofort vom Backblech ziehen (Vorsicht! Filigrane Plätzchen wie diese dunkeln gerne nach!) und auf einem Plätzchengitter auskühlen lassen.

7. Den restlichen Teig ebenso verarbeiten. Bewahren Sie die fertigen Kekse nur 1 Woche lang gut verschlossen in einer Blechdose auf.

Die Sablés verdanken ihren Namen übrigens dem französischen Wort für Sand: sable. Das sollte Ihnen als Hinweis auf die feinkrümelige Beschaffenheit dieser Kekse genügen: Sie zergehen förmlich auf der Zunge!

xxxxxxxxxxxxxxxxxxxxxxxxxxxxxxxxxxxxxxxxxxxxxxxxx

xxxxxxxxxxxxxxxxxxxxxxxxxxxxxxxxxxxxxxxxxxxxxxxxx

KAFFEETORTE

unaussprechlich gut – für Weihnachten oder Neujahr – für Fast-Profis – Zutaten für 2 edle »Törtchen« à 18 Zentimeter Durchmesser – für liebe Gäste

ZUTATEN (FÜR 6–8 PERSONEN)

Für die Japonaismasse, das heißt für 6 Mandelböden:

6 EIWEISS
80 G ZUCKER
130 GERIEBENE BIO-MANDELN
80 G PUDERZUCKER
20 G MEHL
100 G GEHOBELTE MANDELN

Für die Kaffeecreme:

10 G INSTANT-KAFFEEPULVER
½ L MILCH
120 G ZUCKER
4 EIGELB

40 G SPEISESTÄRKE
300 G BUTTER, ZIMMERWARM
30 G PUDERZUCKER
4 CL TIA MARIA (KAFFEELIKÖR)

Zum Garnieren:

60 G GEHOBELTE UND KURZ GERÖSTETE MANDELN
1/8 L GESCHLAGENE SAHNE
ETWAS PUDERZUCKER ZUM BESIEBEN DER FÜLLUNG

Außerdem:

SCHOKORÖLLCHEN FÜR DIE GARNITUR
2 BACKBLECHE
BACKPAPIER

1. Für die Japonaisböden die Eiweiße mit dem elektrischen Rührgerät zu steifem Schnee schlagen, den Zucker langsam einrieseln lassen und dabei weiterschlagen, bis ein schnittfester Eischnee entstanden ist. Die geriebenen Mandeln mit dem Puderzucker und dem Mehl vermischen, vorsichtig unter den Eischnee heben. Dieser darf beim Mischvorgang möglichst wenig an Volumen verlieren.

2. Backofen auf 150 °C vorheizen. Die Backbleche mit Backpapier auslegen und darauf 6 Böden von 18 Zentimeter Durchmesser vorzeichnen. Die Japonaismasse darauf verteilen und möglichst gleichmäßige kreisrunde Flächen aufstreichen. Mit den gehobelten Mandeln bestreuen und beide Bleche in den vorgeheizten Ofen übereinander einschieben. Die Ofentür einen Spalt offen lassen, damit die Feuchtigkeit des Gebäcks abziehen kann. Die Böden in 40–50 Minuten ganz leicht hellbraun backen.

3. Für die Kaffeecreme die Milch mit dem Kaffeepulver und dem Zucker zum Kochen bringen. Die Eigelbe mit der Speisestärke verrühren, 2–3 EL der heißen Milch unterrühren. Unter ständigem Rühren mit dem Schneebesen in die kochende Milch einrühren, bis die Milch bindet. Kräftig rühren und einige Male aufkochen lassen. Die Creme in eine Schüssel umfüllen, die Oberfläche mit einer feinen Schicht Puderzucker besieben, damit sich keine Haut bildet. Füllung beiseitestellen und bei Zimmerwärme vollständig erkalten lassen. Die Butter mit dem Puderzucker schaumig rühren. Nach und nach die abgekühlte Creme unterrühren. Damit die fertige Füllung die ideale Konsistenz erhält (und nicht etwa klumpt), müssen beide Komponenten die gleiche Temperatur – eben Raumwärme – besitzen. Nun mit dem Kaffeelikör parfümieren.

4. Die Böden vorsichtig von ihrer Papierunterlage lösen. Zwei Torten herstellen, indem man abwechselnd und passgenau Japonaisböden und Creme schichtet. 4–5 EL Creme sollten zum Verzieren der Tortenränder übrig bleiben. Ein Mandelboden dient jeweils als »Deckel«. Beide Torten von oben mit einem Topfdeckel passender Größe etwas andrücken und die Ränder mit einem Messer begradigen. Die Torten rundherum mit der restlichen Creme einstreichen: Die gerösteten Mandeln sollten dicht an dicht daran haften.

5. Die Törtchen sollten nun im Kühlen 2–3 Stunden durchziehen. Vor dem Servieren mit einem aufgespritzten Sahneklecks und den Schokoröllchen verzieren. Ganz ohne zusätzliche Dekoration sehen die Kaffeetorten aber auch hübsch aus.

Ihre Gäste werden Sie nach dem Rezept fragen!

xxxxxxxxxxxxxxxxxxxxxxxxxxxxxxxxxxxxxxxxxxxxxxxxxxx

xxxxxxxxxxxxxxxxxxxxxxxxxxxxxxxxxxxxxxxxxxxxxxxxxxx

GRAMMELBOGATSCHEN

deftiges Griebenschmalzgebäck aus der k.u.k.-Tradition – warm & duftend – Familienrezept – preiswerter Hauptgang nach einem gehaltvollen Wintereintopf – braucht Zeit

ZUTATEN (FÜR 6 PERSONEN)

500 G MEHL
350 G FRISCHE, KNUSPRIGE GRIEBEN VOM SCHWEIN MIT DURCHWACHSENEN STELLEN
2 MITTELGROSSE KARTOFFELN
30 G FRISCHE HEFE
3 EIGELB
1 EL SAUERRAHM
50 ML MILCH ZUM EINWEICHEN DER HEFE
ZUCKER (3 TL)
1 PRISE SALZ

Außerdem:
ETWAS FETT FÜR DIE BACKBLECHE
1 VERQUIRLTES EIGELB ZUM BESTREICHEN DES GEBÄCKS

1. Milch handwarm erwärmen, Zucker zufügen und Hefe darin aufgehen lassen.

2. Zwischenzeitlich Kartoffeln mit der Schale weich kochen. Das dauert ca. 25 Minuten. Abdampfen lassen und anschließend pellen.

3. Mehl auf ein Nudelbrett sieben, dabei mit der Hand eine Mulde formen. Eigelbe, Salz und Sauerrahm zum Mehl geben. Kartoffeln durch eine entsprechende Handpresse drücken, eventuell vor dem Kneten noch einmal kurz abdampfen lassen. Kartoffelmasse zusammen mit der Hefemilch ebenfalls zu den übrigen Zutaten in die Mehlmulde geben. Mit den Händen zu einem leichten, geschmeidigen Teig verkneten. Teig zu einer Kugel formen, leicht mit Mehl besieben. Mit einer Schüssel abdecken und an einem warmen Ort 1–2 Stunden gehen lassen.

4. Grieben durch den Fleischwolf drehen, leicht erwärmen, glatt rühren. Beiseitestellen.

5. Den inzwischen aufgegangenen Teig auf der Arbeitsfläche zu einem großen Rechteck ausrollen. Die Grieben auf die eine Hälfte der Teigfläche verstreichen, die andere Teigfläche darüber klappen. Teig zusammenfalten wie Plunderteig und ruhen lassen.

6. Nachdem der Teig sichtbar aufgegangen ist, ausrollen und wieder übereinander schlagen, erneut gehen lassen. Diesen Vorgang noch zweimal wiederholen. Diese Arbeitsweise ergibt Gebäckschichten so zart wie bei Blätter- oder Plunderteig. Nach dem letzten Ausrollen sollte der Teig idealerweise 1 ½ Zentimeter dick sein.

7. Backofen auf 200 °C vorheizen. Aus dem so entstandenen Teigrechteck Kreise von 6 Zentimeter Durchmesser ausstechen und auf leicht gefettete Backbleche, nicht zu dicht nebeneinander, setzen. Bogatschen nochmals 20 Minuten gehen lassen.

8. Dann die Oberflächen des Gebäcks mit einem scharfen Messer einritzen und anschließend mit verquirltem Ei bepinseln. 30 Minuten goldgelb backen.

9. Nach dem Backen sofort in eine leicht warme große Metallschüssel geben und mit 2–3 Geschirrtüchern warm »einpacken«. Sie können so 1–2 Stunden ruhen und werden dabei wunderbar mürbe.

10. Die Bogatschen der ganzen erwartungsvollen Tischrunde lauwarm servieren.

Solche Bogatschen gibt es bei keinem Bäcker. Sie wecken Erinnerungen an die strengen, kontinentalen Winter meiner Kindheit. Da schmeckte das Schmalzgebäck auch noch nachmittags auf der Rodelbahn oder beim Schlittschuhlaufen.

Tipp: Anderntags können Sie die Bogatschen in der Mikrowelle aufbacken. Sie schmecken fast wie frisch aus dem Ofen!

xxxxxxxxxxxxxxxxxxxxxxxxxxxxxxxxxxxxxxxxxxxxxxxxxxx

ANISZUNGEN

als Trost, wenn die »weiße Weihnacht« mal wieder nur ein Traum bleibt – für Anisfans – schmecken frisch am besten – dekorativ

ZUTATEN (FÜR ETWA 85 STÜCK)

Für die Biskotten:

100 G WEISSE SCHOKOLADE DER SPITZENQUALITÄT
3 EIER (DER GRÖSSE XL)
150 G ZUCKER
1 PÄCKCHEN VANILLEZUCKER (BIO-QUALITÄT)
200 G MEHL
125 G FEINE SPEISESTÄRKE
100 G GESCHÄLTE GEMAHLENE MANDELN
SCHALE EINER ½ BIO-ZITRONE
2–3 TL GEMAHLENER ANIS (BITTE AUF FRISCHE ACHTEN!)
1 HAUCH GEMAHLENE NELKEN
1 PRISE SALZ

Für die Glasur:

150 G WEISSE KUVERTÜRE (WENN SIE ZUFÄLLIG IN DIE SCHWEIZ FAHREN, SCHLAGEN SIE DIESBEZÜGLICH ZU …)
1 TL ANISSAMEN

Außerdem:

1 SPRITZBEUTEL
1 AUFSATZ MIT GROSSER LOCHTÜLLE
BACKPAPIER
2–3 BACKBLECHE

1. Backofen auf 180 °C vorheizen. Weiße Schokolade (Vorsicht: nicht mit der Kuvertüre verwechseln!) in Stücke brechen und über einem heißen Wasserbad zum Schmelzen bringen (siehe Tipp zum Zerlassen der Schokoglasur). Etwas abkühlen lassen.

2. Eier mit den Quirlen des Handmixers cremig aufschlagen, dabei Zucker sowie Vanillezucker langsam einrieseln lassen. So lange weiterschlagen, bis sich der Zucker aufgelöst hat. Flüssige Schokolade langsam unterheben.

3. Mehl, Speisestärke, Mandeln, abgeriebene Zitronenschale, Gewürzzutaten und Salz mischen. Nach und nach unter die Schokoladen-Mischung rühren.

4. Den festen Teig in einen Spritzbeutel mit großer Lochtülle füllen. Etwa 4–5 Zentimeter lange Streifen auf mit Backpapier ausgelegte Backbleche spritzen und dabei zwischen den Streifen etwas Platz lassen.

5. Im Backofen ein Blech um das andere 10 Minuten backen. Danach sofort vom Backpapier lösen und auf einem Plätzchengitter auskühlen lassen.

6. Kuvertüre hacken und über dem heißen, aber keinesfalls kochenden Wasserbad langsam schmelzen lassen. Tipp: Dieser Vorgang erfordert etwas Zeit und Geduld, da die Kuvertüre nur knapp über 30 °C erhitzt werden darf. Sie verliert sonst ihren Glanz und ihre Geschmeidigkeit. Achten Sie beim Schmelzvorgang – der übrigens unter ständigem behutsamen Rühren erfolgen sollte – darauf, dass kein einziger Tropfen Wasser in die flüssige Schokolade gelangt.

7. Die Aniszungen mit der Oberfläche bis zur Hälfte in die Kuvertüre tauchen. Auf den noch feuchten Guss Anissamen streuen und die Kuvertüre ganz fest werden lassen.

Noch ein Tipp: Hier wie bei anderem Kleingebäck, das Sie mit Schokolade glasieren wollen, gilt: Die heißen Plätzchen erst vollständig auskühlen lassen, bevor man sie überzieht. Sonst wird der Überzug nicht fest!

Schokoladig-süß und aniswürzig: die Aniszungen.

PETITS FOURS MIT WALNUSS-SAHNE

für ehrgeizige Patissiers – festlich – braucht Zeit, Geschick &
Erfahrung – lässt sich vorbereiten und sogar einfrieren

ZUTATEN (FÜR EINE GROSSE PLATTE)

Für den Honigmürbeteig:

450 G MEHL
150 G BUTTER
150 G ZUCKER
½ TL BACKPULVER
3 EL HONIG (Z.B. AKAZIEN- ODER LINDENBLÜ-
TENHONIG)
3–4 EL MILCH

Für die Füllung:

3 BECHER SAHNE À 200 G
200 G FRISCH GEMAHLENE WALNÜSSE (AM BES-
TEN SOLCHE AUS GRENOBLE ODER OSTEUROPA);
HASELNÜSSE ODER MANDELN SIND EIN
SCHLECHTER ERSATZ, DA DIE FÜLLUNG DANN
TROCKEN WIRD UND NATÜRLICH NICHT DAS GE-
WÜNSCHTE WUNDERBARE WALNUSS-AROMA HAT
60 G PUDERZUCKER
2 PÄCKCHEN SAHNESTEIF

Glasur:

150 G PUDERZUCKER
2 EL KUBANISCHER RUM (KEIN BACK-RUM!)
1 EL WASSER

Außerdem:

MINDESTENS 2 BACKBLECHE (RECHTECKIG, IM
MASS 20 × 30 ZENTIMETER) ODER EIN ENT-
SPRECHENDER BACKRAHMEN
4 LAGEN BACKPAPIER

Nicht ganz einfach zuzubereiten, aber ein optischer und gleichermaßen geschmacklicher Hochgenuss: selbst gemachte Petits Fours.

1. Für den Honigmürbeteig: Honig und Milch verrühren, Butter in Stückchen dazugeben. Auf dem Herd bei ansteigender Temperatur etwa 20 Minuten lang erhitzen. Dabei bleiben und gelegentlich umrühren. Nun die Flüssigkeit etwas abkühlen lassen. Dieser Vorgang kann im kalten Wasserbad etwas beschleunigt werden.

2. Auf einem Nudelbrett das Mehl mit dem Backpulver mischen, sodann mit der Honig-Buttermasse vermengen. Einen elastischen Teig ohne die Zugabe von zusätzlichem Mehl herstellen. Den sorgfältig durchgekneteten Mürbeteig in Folie wickeln und am besten über Nacht im Kühlschrank lagern.

3. Anderntags den Teig in 4 möglichst exakt gleiche Teile teilen, da später 4 identische Böden daraus entstehen sollen. Backofen auf 175 °C vorheizen. Nun jedes Teigviertel auf die Blechgröße (ideal ist eine Rechteckform von 20 × 30 cm) ausrollen und nacheinander jeweils 13 Minuten backen. Nicht vergessen: Bleche vor dem Backen mit Butter einfetten oder einfach Backpapier nehmen. Es kann auch ein flexibler Dekorierrahmen (Fachhandel) verwendet werden, den man auf das vorgeschriebene Maß einstellt und auf ein mit Backpapier ausgelegtes Blech setzt. Achtung: Lieber mehrere Backbleche nacheinander einsetzen! Niemals ein warmes Backblech zum Backen der Mürbeteigböden benutzen! Der ohnehin schwer handhabbare Teig zerfließt sonst leicht oder klebt an der Unterlage fest.

4. Nach dem Backen die Böden – übrigens brechen diese leicht – vorsichtig nacheinander auf einem Kuchengitter auskühlen lassen. Die Herstellung der Honigböden kann man auch am Vortag erledigen. Sie sollten dann kühl gelagert werden, vertragen jedoch die Feuchtigkeit des Kühlschranks nicht. Bestens geht es den Böden, wenn ich sie zwischen Lagen von Butterbrotpapier luftdicht in einem rechteckigen Tortenbutler verpacke. Für die Zeitplanung außerdem wichtig: Einen Tag vorher müssen Sie bereits mit dem Teig beginnen, damit dieser über Nacht ruhen kann!

5. 5–6 Stunden vor dem Servieren: Für die Herstellung der Füllung Sahne schlagen, Puderzucker und Sahnesteif hinzufügen, Walnüsse locker unterheben.

6. Masse in 3 gleiche Portionen teilen und die Mürbeteigplatten damit bestreichen, die Böden dabei leicht andrücken.

7. Puderzucker mit Wasser sowie Rum zu einer glatten Glasurpaste verrühren. Mit dieser die Oberfläche des entstandenen Quaders bestreichen. Der Kuchen kann nun wieder optimal 5–6 Stunden im Tortenbutler durchziehen – dies nicht unbedingt im Kalten, sondern Kühlen.

8. Erst nach dieser Zeit, wenn nämlich die ehemals harten Böden von der Füllung weich geworden sind, lassen sich quadratische petit fours schneiden. Wenn Sie bis hierher durchgehalten haben, gehen Sie auch bei den letzten Handgriffen mit Akribie vor: mit einem Lineal und einem scharfen Messer, das Sie immer wieder in heißes Wasser tauchen. So will es die gehobene Patissierkunst …

Ein Klassiker auf dem Plätzchenteller: Zimtsterne.

ZIMTSTERNE

Klassiker – gehören einfach zum Advent – macht etwas Arbeit, die sich aber lohnt – schlicht, aber gut

ZUTATEN (FÜR 50 STERNE)
3 EIWEISS
1 PRISE SALZ
300 G ZUCKER
450 G GEMAHLENE MANDELN
1 TL ZIMT (FRISCH GEMAHLEN GIBT ES IHN IM GEWÜRZFACHHANDEL)
1 HAUCH GEMAHLENE NELKE
1 EL QUITTENGELEE
1 TL COINTREAU (FRANZÖSISCHER ORANGEN-LIKÖR) FÜR DIE PLÄTZCHENGLASUR

Außerdem:
2 BACKBLECHE

1. Die Eiweiße mit den Quirlen des Handmixers steif schlagen; das Salz ist dabei hilfreich. Den Zucker unter Rühren einrieseln lassen und dabei weiterschlagen, bis die Masse glänzt.

2. 5 EL der Eiweißmasse für die Glasur beiseitestellen – am besten abgedeckt an einen kühlen Ort. Mandeln, Gewürze und Quittengelee mischen. Unter die Eiweißmasse ziehen und einen gut formbaren Teig herstellen. Diesen mit der Hand flachdrücken, in Folie einwickeln und 2–3 Stunden in den Kühlschrank stellen.

3. Den Backofen nun auf 150 °C vorheizen. Die Backbleche mit Backpapier belegen. Den Mandelteig aus dem Kühlschrank nehmen und zwischen Back- bzw. Frischhaltefolie 5 Millimeter dick ausrollen. Sterne in verschiedenen Größen ausstechen und sorgfältig auf die Backunterlage platzieren. Die Eiweißglasur erst jetzt mit dem Orangenlikör aromatisieren und mit einem spitzen Messer exakt darauf verteilen.

4. Die Backbleche mit den Zimtsternen nacheinander ca. 15 Minuten mehr »trocknen« als backen. Jeder Ofen backt anders: Bleiben Sie vorsichtshalber immer in der Nähe des Ofens, damit die Oberfläche des Gebäcks nicht etwa unschön braun wird!

5. Plätzchen samt dem Papier vom Blech ziehen und auf einem Plätzchengitter auskühlen lassen.

In eine Blechdose legen und vor Naschkatzen verschließen!

EARL-GREY-PLÄTZCHEN

feines Mitbringsel zur Tea-Time – gelingen einfach – preiswert – verwenden Sie bitte nur hochwertige Zutaten!

ZUTATEN (FÜR 55 »TEEKÄNNCHEN«)
250 G FRANZÖSISCHE FASSBUTTER, UNGESALZEN
3 EL FEINSTE EARL-GREY-TEEBLÄTTER (TEE-FACHHANDEL)
120 G ZUCKER
60 G SPEISESTÄRKE

Außerdem:
TEEKANNEN-AUSSTECHER
MEHL ZUM AUSROLLEN
3 EL FEINZUCKER ZUM BESTREUEN
BACKFOLIE (FACHHANDEL)
AUSREICHEND BACKPAPIER
MEHRERE BLECHE

1. Die Butter in einem Topf schmelzen.

2. Teeblätter zufügen und 3 Minuten lang kochen. Vom Herd nehmen und 30 Minuten ziehen lassen.

3. Butter durch ein feines Sieb gießen und fest werden lassen.

4. Butter und Zucker mit den Quirlen des Handrührers schaumig schlagen. Erst Mehl mit Speisestärke vermengen, über die Butter-Zucker-Mischung sieben und mit dieser verrühren. Mit den Händen vollends zu einem geschmeidigen Teig verkneten. In Klarsichtfolie wickeln und 1 Stunde kalt stellen.

5. Ofen auf 180 °C vorheizen.

6. Den gekühlten Teig in einer möglichst noch kühlen Küche auf einer ebenfalls kühlen, bemehlten Arbeitsunterlage zwischen Profi-Backfolie oder aufgeschnittenen Gefrierbeuteln etwa 1 Zentimeter dick ausrollen. Kleine Teekännchen ausstechen und auf mit Backpapier bereits ausgelegte Backbleche verteilen.

7. 15–20 Minuten hellgelb backen, etwas abkühlen lassen und mit Zucker bestreuen. Erst danach auf einem Plätzchengitter vollständig abkühlen lassen.

Am besten sind die Kännchen in der ersten Woche nach dem Backen. Mal sehen, ob Sie bei Ihnen so lange halten ...

Die Form spiegelt den Geschmack: Earl-Grey-Plätzchen in Teekannenform.

Wohnungsdekoration, die sich »von selbst« aufräumt: selbst gebackene Lebkuchenherzen schmücken die Zimmer und den Weihnachtsbaum.

LEBKUCHEN-HERZEN

essbarer Christbaumschmuck – als Adventsdekoration für die Wohnung oder als ganz persönliche Verzierung der Weihnachtsgeschenke – duften wunderbar – ganz einfach

ZUTATEN (FÜR CA. 25 STÜCK)

250 G AKAZIENHONIG
100 G ZUCKER
125 G BUTTER
1 EI (GRÖSSE M)
500 G MEHL
1 TL BACKPULVER
1 PÄCKCHEN LEBKUCHENGEWÜRZ
ABGERIEBENE SCHALE VON 1 BIO-ZITRONE
ABGERIEBENE SCHALE VON 1 BIO-ORANGE
150 G PUDERZUCKER
2-3 TL ZITRONENSAFT

1. Honig, Zucker und Butter aufkochen, abkühlen lassen. Ei zugeben. Mehl, Backpulver, Lebkuchengewürz und die geriebene Schale der Zitrusfrüchte ebenfalls vermengen. Honiggemisch und Mehl mit den Knethaken des Handrührgeräts verkneten. Den Teig eine ¾ Stunde ruhen lassen.

2. Teig auf einer bemehlten Arbeitsfläche 1 Zentimeter dünn ausrollen. Aus dem Teig Herzen in verschiedenen Größen ausstechen. Oben Löcher zum Aufhängen in die Herzen bohren.

3. Backofen auf 190 °C vorheizen. Backbleche mit Backpapier belegen und Herzen entsprechend ihrer Größe darauf legen. Um gleichmäßig zu bräunen, sollten sie größenmäßig zusammenpassen. Lebkuchenherzen nun blechweise nacheinander auf der 2. Einschubleiste von unten 13–15 Minuten backen. Auf einem Kuchengitter sofort abkühlen lassen.

4. Puderzucker mit Zitronensaft verrühren. Guss in einen kleinen Gefrierbeutel geben. Eine der unteren Spitzen abschneiden, Herzen mit dem Zuckerguss verzieren – Pünktchenmuster, Girlanden oder andere Kringel. Der kreativen Fantasie sind keine Grenzen gesetzt.

5. Guss fest werden lassen. Bis zur Verwendung im Kühlen gut verschlossen lagern oder gleich mit Schleifchen verzieren und aufhängen.

In nur 2 Stunden haben Sie Ihr Zuhause originell, preiswert und weihnachtlich duftend geschmückt. Eine solche Dekoration müssen Sie nach dem Fest nicht aufräumen – das tut diese von selbst ...

Getränke – Wärme, die von innen kommt

Vier Elemente,
Innig gesellt,
Bilden das Leben,
Bauen die Welt.

Presst der Zitrone
Saftigen Stern,
Herb ist des Lebens
Innerster Kern.

Jetzt mit des Zuckers
Linderndem Saft
Zähmet die herbe
Brennende Kraft,

Gießet des Wassers
Sprudelnden Schwall,
Wasser umfänget
Ruhig das All.

Tropfen des Geistes
Gießet hinein,
Leben dem Leben
Gibt er allein.

FRIEDRICH SCHILLER (1759–1805), PUNSCHLIED

Der Winter scheint wie geschaffen für den Genuss von Getränken verschiedenster Art. Und die Gegenden, in denen raues See- oder Winterklima den Gang vor die Tür manchmal zur Zumutung werden lassen, machen uns auf vielerlei Weise vor, wie man Körper und Geist nach einem Stadtbummel durch die nasskalten Straßen Dublins, nach einem Strandspaziergang an der windumtosten Küste von Dorset oder nach einer anstrengenden Wanderung im Hochgebirge Gutes tut. Deswegen dürfen Irish Coffee, Schwarztee – mal mit Tiroler, mal mit indischer Würze –, Punsche und Grogs in diesem Kapitel keinesfalls fehlen. Sie verkörpern eine Trinkkultur der Heimeligkeit und Gemütlichkeit, mit der man die Lebensgeister seit Jahrhunderten in der warmen Stube erfrischt. Geselligkeit und Gastfreundschaft sind dabei soziale Faktoren, die sich scheinbar wie von alleine am heißen Getränk entzünden.

Darüber hinaus bietet der Winter mit Weihnachten und Silvester genügend Anlass für festliche Küche mit ebenso wenig alltäglichen Getränken als Begleiter. Ihre Gäste freuen sich sicher, wenn Sie Ihnen zur Begrüßung Champagner mit Grüntee oder ein Glas Ingwermartini kredenzen.

Auch für den Kaffeenachmittag mit den Freundinnen, die natürlich auch wegen Ihrer Latte macchiato kommen, gibt es hier Anregungen: Mit verführerischer Nougatnote schmeckt sie unwiderstehlich. Gleichzeitig können Sie flüssige, weiße Schokoladentrüffel anbieten – besonders jenen, die ohnehin nach den üppigen Festtagen gleich mit der Bikini-Diät beginnen wollen.

A propos unvollkommener Körper: Die Wintermonate sind auch die Zeit, in der mit Getränken erfolgreich geheilt und verwöhnt sowie Erkältungskrankheiten vorgebeugt wird. Kräutertees, Sanddornmilch und Milchshakes sind meiner Erfahrung nach gute Hausmittel, um sich auf natürlichem Wege Vitalität, Leistungsfähigkeit und Schönheit zu erhalten. Bleiben Sie gesund!

Gibt es im Winter, wenn es draußen stürmt und schneit, etwas Herrlicheres als im Warmen zu sitzen und gemütlich einen heißen Tee zu trinken?

×××

JAGERTEE
wie beim Après-Ski – wärmt auf würzige Art – mit Alkohol

ZUTATEN (FÜR 6 GLÄSER)
250 ML SCHWARZER TEE
250 ML TROCKENER ROTWEIN
250 ML ORANGENSAFT, FRISCH GEPRESST
1 STERNANISFRUCHT
12 WEISSE PFEFFERKÖRNER
4 NELKEN
2 PIMENTKÖRNER
80 G ZUCKER
2 CL ENZIAN PRO GLAS

1. Schwarzen Tee mit den übrigen Punschzutaten (außer dem Kräuterlikör) in einen großen Topf geben und bei mittlerer Hitze bis unter den Siedepunkt erhitzen.
2. Würze bei dieser Temperatur 15 Minuten ziehen lassen.
3. Jagertee durch ein Sieb in Gläser abseihen. Jede Portion mit Kräuterlikör aufgießen und mit je einem Sternanis verzieren.
4. Sofort servieren.

×××

×××

CRANBERRY-PUNSCH
für Kinder – gesund mit viel Vitamin C – herb-würzig – nicht zu süß – alkoholfrei

ZUTATEN (FÜR 6 GLÄSER)
1 L APFELSAFT
70 ML CRANBERRYSIRUP, Z.B. VON ROSE'S
25 GETROCKNETE CRANBERRYS
½ VANILLESCHOTE, AUFGESCHLITZT
6 SCHWARZE PFEFFERKÖRNER
1 NELKE
1 BIO-LIMETTE IN SCHEIBEN GESCHNITTEN

Außerdem:
GLÄSER MIT FILZMANSCHETTE

1. Alle Zutaten wie beim Jagertee erhitzen und ziehen lassen.
2. In Gläser (mit dekorativem Filzüberzug) oder Tassen abseihen. Jeweils mit den Limettenscheiben dekorieren. Heiß servieren!

Wenn Erwachsene und Kinder von einem Rodelnachmittag oder einer Skiwanderung nach Hause kommen, bieten die beiden Punsche eine warme und erfrischende Erquickung. Sie können Sie natürlich auch in Warmhaltekannen zum Winterpicknick mitnehmen. Dazu schmecken Butterkekse oder Lebkuchen.

×××

×××

INGWERMARTINI MIT GRANATAPFELSAFT
edel – zum Aperitif an Silvester – festlich – für Ingwerfans

ZUTATEN (FÜR 6 GLÄSER)
3 EL FLÜSSIGER HONIG, Z.B. AKAZIE

12 CL GIN
6 CL WERMUT, Z.B. NOILLY PRAT
6 CL GRANATAPFELSAFT, FRISCH GEPRESST
1 TL ZITRONENSAFT

Außerdem:
2–3 EISWÜRFEL
GRANATAPFELKERNE ALS DEKORATION
SHAKER
MARTINIGLÄSER

Heißer Tee, Punsch oder Irish Coffee lassen sich zusammen mit einem schönen Stück Kuchen erst so richtig genießen.

1. Honig mit 3 EL Wasser verrühren. Ingwer schälen, sehr fein hacken.
2. Ingwer und verdünnten Honig im Shaker mit einem Stößel zerdrücken.
3. Eiswürfel, Gin, Wermut, Granatapfel- und Zitronensaft zugeben, gut schütteln.
4. Martini in gekühlte Martinigläser abseihen.
5. Kerne auf die Gläser verteilen und sofort servieren.

Ihre Gäste werden begeistert sein!

IRISH COFFEE

wenn es draußen nasskalt ist – hebt Körpertemperatur und Stimmung – mit Alkohol

ZUTATEN (FÜR 1 PORTION)

1 TL ZUCKER
4,5 CL IRISH WHISKEY, Z.B. TULLAMORE DEW
150 ML SEHR STARKER SIEDENDHEISSER
SCHWARZER KAFFEE AUS FRISCH GEMAHLENEN
BOHNEN
2 EL SCHWACH GESCHLAGENE SAHNE

1. Ein 250 ml fassendes Stielglas mit heißem Wasser ausspülen. Zucker und danach Whiskey ins Glas geben. Kaffee zufügen und genügend Raum für die Sahne lassen.
2. Gut rühren und warten, bis die Oberfläche sich beruhigt hat, dann die Sahne über einen umgekehrten Teelöffel hineingießen. Die Sahne muss obenauf schwimmen und soll sich nicht mit dem Kaffee vermischen.
3. Sofort genießen!

Der perfekte Begleiter für einen Irish Coffee ist ein Irish Porter Cake:

IRISH PORTER CAKE

veredelt die Tee- oder Kaffeestunde – sollte 2–3 Tage durchziehen, schmeckt 2–3 Wochen lang – gelingt leicht – schlicht, aber dennoch etwas Besonderes!

ZUTATEN (FÜR 14–16 STÜCKE)

150 G BUTTER
150 G BRAUNER ZUCKER
190 ML GUINNESS (ENTSPRICHT 1/3 PINT);
DIESES DUBLINER BIER IST KULT UND KANN
DURCH NICHTS ERSETZT WERDEN; SIE FINDEN ES
IM GUT SORTIERTEN GETRÄNKEGROSSHANDEL
450 G SULTANINEN
40 G ORANGEAT
35 G ZITRONAT
400 G MEHL (TYPE 405)
½ TL NATRON, ERSATZWEISE BACKPULVER
1 ½ TL FRISCH GEMAHLENER ZIMT
2 GANZE EIER (GRÖSSE L), VERQUIRLT

Außerdem:
1 GUGELHUPFFORM
ETWAS BUTTER FÜR DIE FORM
1 BAHN ALUFOLIE ZUM VERPACKEN DES
FERTIGEN KUCHENS

1. In einer Sauteuse den Zucker, die Butter und das Bier langsam erhitzen und schließlich zum Kochen bringen. Dabei die Zutaten ständig leicht rühren, bis sich der Zucker vollständig gelöst hat.
2. Kandierte sowie Trockenfrüchte hinzufügen. Alles unter Rühren 5 Minuten köcheln lassen. Beiseitestellen und deutlich abkühlen lassen – to blood heat, wie es übrigens im Originalrezept heißt.
3. Den Ofen nun auf 160 °C vorheizen.
4. Inzwischen das Mehl sorgfältig in eine Schüssel sieben. Treibmittel und Zimt dazugeben und alles gründlich verrühren. In der Mitte der Mehlmischung eine Mulde drücken, in die man die verquirlten Eier und die lauwarme Früchte-Mischung gibt. Mit den Quirlen des Handmixers schnell zu einem geschmeidigen Rührteig verkneten.

5. In eine gut mit Butter ausgefettete Gugelhupfform verteilen, sofort in den Ofen schieben und 1 ½–1 ¾ Stunden backen.
6. Herausnehmen. Erst 10 Minuten in der Form belassen, dann herausnehmen und auf einem Kuchengitter vollständig auskühlen lassen. Sodann rundherum mit Alufolie einschlagen und den Kuchen in einem kühlen Raum (nicht im Kühlschrank!) 2–3 Tage durchziehen lassen.

xxxxxxxxxxxxxxxxxxxxxxxxxxxxxxxxxxxxx
xxxxxxxxxxxxxxxxxxxxxxxxxxxxxxxxxxxxx

WEISSER SCHOKOLADENTRÜFFEL AUS DER TASSE

da wird jede(r) schwach – festliches flüssiges Dessert für Anspruchsvolle – in 15 Minuten fertig, braucht jedoch 2 Stunden Kühlzeit – mit Alkohol

ZUTATEN (FÜR 4 PERSONEN)
180 G HOCHWERTIGE WEISSE SCHOKOLADE
200 ML SCHLAGSAHNE
30 G ZIMMERWARME BUTTER
MARK VON ½ VANILLESCHOTE
1 TL ORANGENLIKÖR, Z.B. GRAND MARNIER
½ TL ABGERIEBENE ORANGENSCHALE VON EINER BIO-FRUCHT
2 TL HASELNUSSKROKANT (FEINKOSTLADEN ODER KONDITOR)

1. Schokolade fein hacken und in einer Metallschüssel über einem Wasserbad bei niedriger bis mittlerer Hitze schmelzen. Achtung: Die Schokolade soll gerade einmal schmelzen und darf nicht zu heiß werden! Vom Wasserbad nehmen und beiseitestellen.
2. 100 ml Sahne mit einem Schneebesen unter die Schokolade rühren, bis sie wieder völlig glatt ist. Butter in Flöckchen, Vanillemark, Orangenlikör und Orangenschale mit dem Schneebesen vollständig unterrühren. Schokoladencreme in Espressotassen (à 100 ml) füllen und mindestens 2 Stunden kalt stellen.

LINKE SEITE:

Eine elegante Teegesellschaft Mitte des 19. Jahrhunderts: Aus Gründen der Sparsamkeit reichte man zum Tee selten üppiges Gebäck, sondern oft nur ein Butterbrot.

RECHTE SEITE:

Aus Zucker und Vanillestangen lässt sich selbst gemachter Vanillezucker zaubern, der geschmacklich mit dem gekauften Vanillinzucker kaum etwas gemein hat. Es dauert etwa drei Monate, bis die Vanille ihr einzigartiges Aroma völlig an den Zucker abgegeben hat. Einer heißen Schokolade oder einem Tee verleiht er dann eine besondere Geschmacksnote. In ein hübsches Döschen verpackt, ist die selbst gemachte Köstlichkeit auch ein ideales Weihnachtsgeschenk.

3. Vor dem Servieren die restliche Sahne halbsteif schlagen. Auf jede Portion einen Klecks Sahne geben und mit ½ TL Haselnusskrokant bestreuen.

Üppig, aber zum Jauchzen!

×××

×××

HOLUNDERPUNSCH MIT CASSIS

Willkommenstrunk an einem verregneten Heiligen Abend – mit Alkohol – festlich

ZUTATEN (FÜR 4 GLÄSER)

150 ML HOLUNDERSAFT
400 ML APFELSAFT
75 G BRAUNER ZUCKER
3 GEWÜRZNELKEN
3 SCHEIBEN (MIT SCHALE) VON 1 BIO-ZITRONE
1 CL WILLIAMSBIRNENBRAND
1 CL JOHANNISBEERLIKÖR (CRÈME DE CASSIS)

Außerdem:
1 ROTBACKIGER BIO-APFEL, ENTKERNT UND UNGESCHÄLT IN FRISCHE, GLEICHMÄSSIGE SCHEIBEN GESCHNITTEN

1. Holundersaft und Apfelsaft mischen. In einem Topf mit Zucker, Nelken und Zitronenscheiben aufkochen.
2. Birnenschnaps und Cassis-Likör auf 4 Gläser verteilen, ebenso die frischen Apfeltranchen. Mit dem heißen Holunderpunsch auffüllen, sofort servieren und dankbar sein, dass man bei solch unwirtlichem Wetter Weihnachten feiern darf!

×××

×××

MASALA CHAI

ostindischer Gewürztee – würzig & mild zugleich – raffiniert – exotischer Seelentröster

ZUTATEN (FÜR 4-6 PERSONEN)

4 TL GANZE KORIANDERKÖRNER
1 STERNANISFRUCHT
2 ZIMTSTANGEN, IN KLEINE STÜCKE GEBROCHEN
JEWEILS 1 TL GANZE SCHWARZE PFEFFERKÖRNER, NELKENPFEFFER, KARDAMOMSAMEN,

GEWÜRZNELKEN, GETROCKNETE ORANGENSCHALE
1 TL GERIEBENER INGWER
1 PRISE FRISCH GERIEBENE MUSKATNUSS
3 L WASSER
2 EL INDISCHER SCHWARZTEE (TEEFACHHANDEL)
1 EL VANILLEEXTRAKT

Außerdem:
ETWAS HONIG, MILCH ODER SAHNE ZUM ABSCHMECKEN

1. Die gesamten Gewürze in einer Gewürz- oder Kaffeemühle grob mahlen. Ingwer und Muskatnuss darunter mischen.
2. Das Wasser in einen großen Topf geben und die Gewürzmischung einrühren. Zum Kochen bringen, abdecken und 15 Minuten köcheln lassen.
3. Teeblätter und Vanille dazugeben und drei bis fünf Minuten ziehen lassen.
4. Den Tee in einen stilechten Krug gießen. Honig, Milch und Sahne dazugeben oder separat anbieten.
5. Schmeckt heiß und kalt.

xxxxxxxxxxxxxxxxxxxxxxxxxxxxxxxxxxxxxxxxxxxxxxxx

xxxxxxxxxxxxxxxxxxxxxxxxxxxxxxxxxxxxxxxxxxxxxxxx

HOT BUTTERED RUM

warmer Cocktail für Verwöhnte – mild im Geschmack – bei Schneetreiben eine heiße Empfehlung!

ZUTATEN (FÜR 4 GLÄSER)
40 G WEICHE BUTTER
1 TL FRISCH GEMAHLENES ZIMTPULVER
1 EL HONIG
4 TL ZITRONENSAFT
8 CL APFELSAFT
16 CL BRAUNER JAMAICA-RUM
4 GEWÜRZNELKEN

Außerdem:
JE 1 SCHEIBE FRISCH AUFGESCHNITTENE ZITRONE PRO GLAS, AM BESTEN BIO

1. Butter, Zimt, Honig mit den Gewürznelken glatt rühren.
2. Je 4 cl Rum auf die Gläser verteilen. Je 1 TL Zitronensaft und 2 cl Apfelsaft unterrühren. Mit heißem Wasser auffüllen und die Butter-Honig-Mischung verteilen. Umrühren!

Tee aus Hopfen wirkt appetitanregend und beruhigend.

3. In jedes Glas eine Zitronenscheibe gleiten lassen und heiß dampfend servieren!

GEWÜRZ-CALVADOS

tut bei Erkältungen gut – wärmt – mit Alkohol – für die Fans der typischen Wintergewürze

ZUTATEN (FÜR 4 GLÄSER)

500 ML APFELSAFT
3 EL BRAUNER ZUCKER (FÜR DEN GEWÜRZSUD)
3 PIMENTKÖRNER
1 TL PFEFFERKÖRNER
1 TL KORIANDERSAAT
2 STERNANISFRÜCHTE
4 CL PFEFFERWODKA, Z.B. ABSOLUT
4 CL COGNAC
4 CL CALVADOS
4 TL BRAUNER ZUCKER (ZUM ANRICHTEN)

1. Apfelsaft mit den 3 EL braunem Zucker, den Pfefferkörnern, den Pimentkörnern, der Koriandersaat und den Sternanisfrüchten in einen Topf geben und behutsam aufkochen.
2. 15–20 Minuten ziehen lassen und danach durch ein Sieb gießen.
3. Auf 4 Gläser je 1 cl Wodka, 1 cl Cognac und 1 TL braunen Zucker verteilen. Mit dem heißen Gewürzsud auffüllen und sofort genießen!

SANDDORN-MILCH

gesund – erfrischend – kurbelt die Immunabwehr an

ZUTATEN (FÜR 1 GROSSES GLAS)

200 ML MILCH
100 ML SANDDORNPÜREE ODER 30 ML SAND-DORNELIXIER (REFORMHAUS)
ETWAS ZUCKER ODER HONIG

Zutaten mischen und warm oder auch kalt zum Frühstück genießen.

HOPFENTEE

bei Appetitschwäche

ZUTATEN (FÜR 1 TASSE)

2 GEHÄUFTE TL HOPFENZAPFEN
KOCHENDES WASSER

Zapfen mit Wasser überbrühen und 10–15 Minuten ziehen lassen. Regelmäßig vor der Mahlzeit trinken. Der Tee schmeckt etwas bitter, wirkt aber.

bei Unruhe, Schlafstörungen, prämenstruellem Syndrom

ZUTATEN (FÜR 1 TASSE)

1 TL HOPFENZAPFEN
SIEDENDES WASSER

Hopfen mit siedendem Wasser überbrühen, 10–15 Minuten ziehen lassen und vor dem Zubettgehen in kleinen Schlucken trinken.

HUFLATTICHTEE

bei Reizhusten, Husten, Heiserkeit

ZUTATEN (FÜR 1 TASSE)

1–2 TL GETROCKNETE HUFLATTICHBLÄTTER
KOCHENDES WASSER
1 LÖFFEL HONIG

Kräuter mit kochendem Wasser aufbrühen, 10–15 Minuten ziehen lassen und abseihen. Mit Honig so heiß wie möglich 2–3 mal täglich trinken.

CHAMPAGNER-COCKTAIL

für festliche Abende zu zweit – als Auftakt für einen weihnachtlichen Brunch

ZUTATEN (FÜR 4 SEKTGLÄSER)

TROCKENER JAHRGANGSCHAMPAGNER
1 EL AROMATISIERTER – MIT KIRSCHE,

ROSENBLÜTE & WALDBEERE – SENCHA (GRÜNER TEE AUS GANZ FLACHEN BLÄTTERN; DER BELIEBTESTE UNTER DEN JAPANISCHEN TEES) EVTL. EINIGE UNGESPRITZTE ROSENBLÜTENBLÄTTER

1. Sekt 4–5 Stunden kalt stellen.
2. 300 ml Wasser zum Kochen bringen und sofort vom Herd nehmen. Etwas abkühlen lassen. Den aromatisierten Tee zufügen. Zudecken und 4 Minuten ziehen lassen, abgießen, auskühlen lassen und in den Kühlschrank stellen.
3. Unmittelbar vor dem Servieren die Sektgläser zu einem Drittel mit dem eisgekühlten Grüntee füllen, mit Champagner aufgießen und sofort trinken.

Es versteht sich ganz von selbst, dass beide Getränke natürlich unabhängig voneinander getrunken gut schmecken, aber so sind das Prickelnd-Anregende des einen und das Gesunde des anderen vereint.

× ×

Speziell in den windigen, küstennahen Ländern und Landstrichen wie England oder Ostfriesland kann die Teestunde am Nachmittag auf eine lange Tradition zurückblicken.

× ×

HEISSE NOUGAT-LATTE
für einen Nachmittag mit den besten Freundinnen – schmeckt unvergleichlich lecker – macht süchtig!

ZUTATEN (FÜR CA. 4 TASSEN/GLÄSER)
200 G HOCHWERTIGE NUSSNOUGATMASSE
400 ML MILCH
4 PORTIONEN ESPRESSO, FRISCH ZUBEREITET

Außerdem:
5–6 GERÖSTETE HASELNUSSKERNE, IN SCHEIBEN GEHOBELT

1. Nussnougat in kleine Würfel schneiden.
2. Espresso zubereiten.
3. Milch erhitzen, nicht kochen. Die Nougatwürfel in der heißen Milch schmelzen lassen, dann die Nougat-Milch mit dem Milchschäumer aufschäumen.
4. Espresso auf 4 Latte-Gläser verteilen, Nougatmilchschaum zugießen, mit gerösteten Haselnussscheiben bestreuen und sofort servieren.

× ×

× ×

KOKOS-SHAKE
Wellness-Drink – bringt den Stoffwechsel auf Trab – für den kleinen Hunger zwischendurch

ZUTATEN (FÜR 2 GLÄSER)
150 ML KOKOSMILCH
50 ML FETTARME MILCH
200 G FRISCHE ANANAS, GEPUTZT
1 EL HONIG
SCHWARZER PFEFFER, FRISCH AUS DER MÜHLE

Außerdem:
EISWÜRFEL

1. Alle Zutaten mit dem Zauberstab zerkleinern und schaumig aufschlagen.
2. Mit Eiswürfeln in Gläsern servieren.

× ×

×××××××××××××××××××××××××××××××××××××××

CHILI CHOCOLATE

anregend & besänftigend – himmlisch – bei Liebeskummer –
für das ganz besondere Frühstück

ZUTATEN (FÜR 4 TASSEN)

½ CHILISCHOTE
250 G ZARTBITTER-SCHOKOLADE SEHR GUTER
QUALITÄT (PRALINENFACHHANDEL)
¾ L VOLLMILCH
1 VANILLESCHOTE, AUFGESCHLITZT
1 TL FRISCH GEMAHLENER ZIMT
¼ L WASSER
3 EL MILDER HONIG, Z.B. AKAZIE
1 KLEINE PRISE SALZ

1. Chilischote längs halbieren, entkernen, fein hacken.

2. Milch mit der Vanilleschote aufkochen, 15 Minuten ziehen lassen. Schote herausnehmen, Mark herauskratzen und zurück in die Milch geben. Schokolade mit einem Messer fein hacken und in der heißen Milch unter Rühren schmelzen lassen.

3. Mit Zimt und Honig würzen. Gehackte Chilischote zufügen. Die Milch noch einmal erwärmen, Wasser hinzufügen. Salzen.

4. Mit dem Zauberstab aufmixen und in vorgewärmten Tassen servieren.

×××××××××××××××××××××××××××××××××××××××

Die »Kürbisstiele« schmecken herrlich zu einer heißen Schokolade mit Chili. Das Rezept dafür finden Sie im Kapitel Gebäck.

Menüvorschläge

WEIHNACHTSMENÜ, TRADITION GROSSGESCHRIEBEN

× Paprikasuppe mit Sesam und Ziegenkäse
× Kürbis-Rohkostsalat mit Meerrettich
× Gefüllte Gans
× Beeren-Wein-Gelee
× Für Kinder frisch aus dem Ofen: Apfelcrumble
  mit Vanillesauce

FESTMENÜ FÜR ANSPRUCHSVOLLE

× Hühnersuppe mit Zanderravioli
× Blattsalate mit Sherry-Vinaigrette
× Rehbraten mit Äpfeln und Walnüssen
× Lebkuchensoufflé

MENÜ FÜR ZWEI

× Champagner-Cocktail
× Sellerieschaumsuppe
× Orangensalat
× Hirschsteak mit einer Sauce aus Rosmarin und Marzipan
× Orangen-Sternanis-Granita

MENÜ FÜR DEN TÄGLICHEN MITTAGSTISCH IM WINTER

× Apfelsuppe mit Kürbis
× Spätherbstliche Wirsingrouladen
× Apfelcrumble mit Vanillesauce

DEFTIGES MENÜ FÜR DEN SPÄT-HERBSTABEND IN GROSSER RUNDE

× Rote-Bete-Suppe
× Schwarzwurzel-Kartoffel-Eintopf (für Vegetarier) oder
  Sauerkrautplatte, elsässisch (für Fleischesser)
× Für Kinder: Ofenkartoffel mit Kräuterquark oder
  Butter & Salz
× Schupfnudeln mit Mohn

FLEISCHLOSES WINTERMENÜ FÜR 4–6 PERSONEN

× Pilzcremesüppchen mit Grissini
× Zwiebeltarte mit Honig
× Kreolischer Fischeintopf mit Kürbis
× Crème brûlée aus Schokolade und Ingwer

SONNTAGSMENÜ FÜR WINTERMELANCHOLIKER

× Mandelsuppe (mallorquinisch inspiriert)
× Tomaten-Minze-Salat (marokkanisch) und/oder
  Spinat mit Rosinen und Pinienkernen (spanisch)
× Kaninchenrücken, gefüllt mit Tapenade (provenzalisch)
× Orangen-Quarkmousse (andalusisch)

ADVENTSTEE/-KAFFEE MIT DEN FREUNDINNEN

× Birnenbrot mit Holunder-Cassis-Punsch
× Chili Chocolate mit Sablés Nantais
× Weißer Schokoladentrüffel aus der Tasse,
  verziert mit je einer Aniszunge
× Masala Chai, dazu »Kürbisstiele«
× Irish Coffee, begleitet von Irish Porter Cake

Glossar

ABLÖSCHEN: Um den Bratvorgang von kurzgebratenem Fleisch oder Gemüse zu unterbinden und um die Röstaromen vom Pfannenboden zu lösen, wird mit Wein, Sherry oder Brühe abgelöscht. Währenddessen wird das Fleisch aus der Pfanne zum Ruhen in den leicht vorgeheizten Backofen gestellt. Auf diesen Arbeitsschritt folgt das Einkochen und Binden der Sauce.

ANDICKEN: Sauce oder Creme unter Hitzeeinwirkung sämig einkochen.

BLANCHIEREN: Viele Gemüse- oder auch Obstsorten sollen beim Verzehr noch Biss haben. Sie werden deshalb einige Minuten in sprudelndem Salz- oder Zuckerwasser gekocht. Ein zusätzliches Abschrecken in Eiswasser bewahrt das Grün mancher Gemüsesorten und sorgt bei anderem Gargut dafür, dass man es besser pellen kann (Tomaten, Aprikosen, Pfirsiche). Der Blanchiervorgang erhält nicht nur die Ansehnlichkeit vieler Gemüsesorten und Früchte, sondern schont auch deren Vitamingehalt.

BOUQUET GARNI: Klassisches Kräutersträußchen der feinen französischen Küche zum Mitschmoren in eleganten Fleischbrühen und Ragouts. Es besteht aus Petersilie, Lauch, Lorbeerblatt und Thymian. Für Fischsud kann man einen Streifen Zitronenschale sowie Estragon miteinbinden, zum Schmoren von dunklem Fleisch oder Wild ergänzt man das Gebinde um Rosmarin, Orangenschale und etwas Selleriegrün.

CHIFFONADE: Mit einem scharfen Messer dünn in Streifen geschnittene Kräuter. Im Gegensatz zu gehackten oder mit einem Wiegemesser zerkleinerten Kräutern spielt bei Chiffonaden auch die optische Wirkung eine Rolle; sie krönen deshalb oft Suppen oder Saucen.

GELATINE: Geschmacksneutrales, durchsichtiges Geliermittel tierischen Ursprungs. Man weicht die Gelatineblätter zuerst kalt ein, um sie nachher – gut ausgedrückt – in heißer (wichtig zur Vermeidung von Klümpchen!) Creme aufzulösen.

HÜHNERBRÜHE, -FOND: Vieler meiner Rezepte funktionieren nur mit selbst gemachter Hühnerbrühe. Einmal hergestellt, lässt sie sich portionsweise einfrieren, so dass sie für eine Sauce oder nach einer überstandenen Magen-Darm-Grippe jederzeit zur Hand ist. Eine echte Hühnerbrühe gelingt auch Anfängern und ihr ursprünglicher Geschmack macht regelrecht süchtig! Ich setze in einem 10 l-Topf folgende Zutaten an: 1 maisgefüttertes Bio-Suppenhuhn, 2 aufgeschnittene Zwiebelhälften, die man vorher in der Pfanne anrösten kann (das gibt der Brühe eine schöne goldgelbe Farbe). Ferner kommen hinein: 2 Petersilienwurzeln mit Grün, 2 Stangen Lauch, 7 Karotten, je 1 TL schwarze sowie weiße Pfefferkörner, je 1 Zweig Thymian und Liebstöckel. Alles mit Wasser auffüllen, 3–4 TL Salz zufügen und langsam zum Kochen bringen. In der ersten Stunde immer dabei bleiben, weil der sich bildende Schaum mit einer Schaumkelle ständig und mit Sorgfalt abgeschöpft werden muss. So haben Sie später eine klare, appetitliche Brühe. Das Ganze bei kleiner Flamme 3 Stunden vor sich hin kochen lassen. Danach das ausgekochte Fleisch sowie die Suppenkräuter entfernen. Die Brühe erst durch ein grobes Sieb, dann durch ein feines Haarsieb passieren. Wer ganz pingelig ist, nimmt zusätzlich ein Mulltuch zur Hilfe. Die Brühe kann jetzt portioniert und eingefroren werden. Entfettet und abgeschmeckt wird erst bei der konkreten Weiterverarbeitung!

JULIENNE: Schneidetechnik, bei der Gemüse in 5 Millimeter dicke bzw. breite, streichholzlange Stifte geschnitten wird. Die Methode eignet sich besonders für Möhren, Kohlrabi und Zucchini – Gemüsesorten also, die nach kurzem Eintauchen (Blanchieren) in kochendes Wasser bereits gar, aber immer noch bissfest sind. Außerdem freut sich das Auge über etwas Abwechslung auf dem Teller. Julienne-Streifen mache ich von Hand mit einem scharfen Messer, die Küchenmaschine kann's angeblich auch …

KROKANT: Verbindung von Nüssen oder Mandeln mit karamellisiertem (gebranntem) Zucker. Vor der Verwendung wird der Krokant mit einem Messer in feine Partikel zerhackt. Der Vorgang des Karamellisierens erfordert etwas Übung, für das Zufügen der Nüsse mit anschließendem Zerkleinern hat man rasch ein Gefühl. Die Mühe lohnt sich aber: Der unübertroffene Geschmack von selbst gemachtem Krokant stellt alles in den Schatten, was die Industrie zu bieten hat!

KUVERTÜRE: Schokolade zum Überziehen von Gebäck, Torten, Plätzchen etc. In einem Wasserbad wird die möglichst hochwertige Schokolade (mit einem Gehalt von Kakao und Kakaobutter von 71 Prozent) sorgsam geschmolzen. Die Masse schmilzt bei ca. 35 °C. Wird diese Temperatur wesentlich überschritten, glänzt die Schokolade als spätere Verzierung leider nicht mehr und wird schnell brüchig.

MARINADE: Mit Kräutern abgeschmeckte Flüssigkeit – Essig-Öl-Gemische für Blattsalate (hier auch Vinaigrette genannt) oder

Wein (z.B. für Wildbeizen) – zum Würzen, Aromatisieren, Mürbemachen. Gerade in der Grillsaison kann man mit Kräuteröl oder Gewürzölmarinaden fantasievoll experimentieren!

MEHLBUTTER: Man knetet ein walnussgroßes Stück Butter (kalt) mit ca. 1 gehäuften TL Mehl, bis Mehl und Fett gleichmäßig miteinander verbunden sind. Ins Tiefkühlfach legen und dort etwas fest werden lassen. Die Mehlbutter braucht man zum leichten Binden von Saucen – ein Trick aus der klassischen französischen Küche!

PETITS FOURS: Kleingebäck, meist quadratisch geschnittenes Schichtgebäck aus Biskuit- oder Mürbeteigböden der feinen französischen Patisserie. Die Gebäckstücke mit oft hoher Kalorienzahl (rechnen Sie 2–3 »Würfel« pro Esser) werden häufig nach dem Zuschneiden noch einzeln in Kuvertüre getaucht und kunstvoll dekoriert. Die Petits Fours in meinem Buch glasiert man als Block und schneidet sie erst dann zurecht: Das spart etwas Zeit, aber keine Kalorien!!

REDUZIEREN: Einkochen von Flüssigkeit durch Verdampfen, um den Geschmack zu konzentrieren. Dies ist ein wichtiger Arbeitsschritt bei der Herstellung von Saucen und folgt auf des Ablöschen. (s.o.) Den Vorgang nach dem Reduzieren nennt man Binden (siehe Mehlbutter).

SAUTEUSE: Kleiner Schwenktopf mit Stiel zum Reduzieren (Einkochen) von Saucen oder zum scharfen Anbraten von Pilzen.

TAPENADE: Provenzalische Würzpaste, die ihr intensives Aroma dem Gemisch schwarzer Oliven, Anchovis (Sardellenfilets), schwarzem Pfeffer und Zitronensaft verdankt.

WASSERBAD (Bain-Marie): Ein mit heißem Wasser oder Eiswasser gefüllter Behälter, in den eine runde Schüssel oder ein Kessel eingesetzt wird. Eine solche Vorrichtung ist zum kalten oder warmen Aufschlagen von Cremes unentbehrlich. Auch zum Schokoladeschmelzen eignet sich ein Wasserbad, da man das Schmelzgut schonend und schrittweise erhitzen kann. Idealerweise passen die Durchmesser beider Gefäße gut zueinander, aber auch Improvisieren ist erlaubt.

ZESTEN: Mit einem Zestenreißer (im Fachhandel erhältlich) sehr dünn abgeschälte Streifen von der Schale unbehandelter Zitrusfrüchte.

Register der Rezepte

A
Aniszungen 86
Apfelcrumble mit Vanillesauce 70
Apfelsuppe mit Kürbis 16

B
Baguette-Brötchen mit
 Makrelencreme 49
Beeren-Wein-Gelee 76
Birnenbrot 10
Brotsalat 36
Bündner Gerstensuppe 46

C
Champagner-Cocktail 103
Cheddar-Scones mit Dip 45
Chili Chocolate 106
Cranberry-Punsch 97
Crème brûlée aus Schokolade
 und Ingwer 74

E
Earl-Grey-Plätzchen 92
Elsässische Sauerkrautplatte 53

F
Festtagskleid für die Kartoffeln 50

G
Gefüllte Gans 56
Gewürz-Calvados 103
Grammelbogatschen 85

H
Heiße Nougat-Latte 105
Hirschsteak mit einer Sauce
 aus Rosmarin und Marzipan 60
Holunderpunsch mit Cassis 101
Hopfentee 103
Hot Buttered Rum 102
Huflattichtee 103
Hühnersuppe mit Zanderravioli 28

I

Ingwermartini mit Granatapfelsaft 97
Irish Coffee 99
Irish Porter Cake 99
Italienische Pilzsuppe mit Brot 19

J

Jagertee 96

K

Kaffeetorte 84
Kaninchenrücken, gefüllt
  mit Tapenade 59
Kartoffel-Apfelsuppe
  mit Lachstatar 22
Kleine Engadiner Nusstorte 81
Kletzenbrot 10
Kokos-Shake 105
Krabbensalat mit Apfel 36
Kreolischer Fischeintopf mit Kürbis 46
Kürbis-Rohkostsalat
  mit Meerrettich 30
»Kürbisstiele« 83

L

Lachsmousse 60
Lauch in Vinaigrette 40
Lebkuchen-Herzen 95
Lebkuchensoufflé 70
Linsensalat mit Bratwurst 32

M

Mandelsuppe 21
Masala Chai 101
Mini-Christmas-Puddings
  mit Brandy 80
Möhrensalat mit geräucherter
  Gänsebrust 33

N

Nudelsuppe mit Fünf-Gewürze-
  Hühnchen 24

O

Ofenkartoffeln 49
Orangen-Dattel-Chutney 51
Orangen-Quarkmousse 72
Orangensalat 35
Orangen-Sternanis-Granita 69

P

Paprikasuppe mit Sesam-
  Ziegenkäse 16
Petits Fours mit Walnuss-Sahne 89
Pilzcremesüppchen mit Grissini 19

R

Rehbraten mit Äpfeln und
  Walnüssen 57
Rinderbraten mit Barolo 63
Rote-Bete-Suppe 15
Rotkohl-Preiselbeer-Salat 38

S

Sablés Nantais 83
Salat aus Barolo-Braten, Zucker-
  schoten und Sprossen mit
  asiatischen Kräutern 64
Sanddorn-Milch 103
Schupfnudeln mit Mohn 66
Schwarzwurzel-Kartoffel-Eintopf 42
Sellerieschaumsuppe 21
Sherry-Vinaigrette 38
Spätherbstliche Wirsingroulade 49
Spinat mit Rosinen und
  Pinienkernen 35

T

Thai-Suppe mit jungem Gemüse 25
Tomaten-Minze-Salat 32

W

Weißer Schokoladentrüffel
  aus der Tasse 100
Wiener Suppentopf 26
Wildterrine 54

Z

Zander aus dem Ofen mit
  gratiniertem Staudensellerie 64
Zimtsterne 91
Zwiebeltarte mit Honig 50

Literaturtipps

BINGEMER, SUSANNA/GERLACH, HANS: Alpenküche. Genuss und Kultur. München: Gräfe und Unzer, 2007. *[Appetitlich gestalteter Band mit vielen Fleischgerichten, die man gerade im Winter in großer Runde gerne isst, sehr empfehlenswert!]*

BRAUNER, MICHAEL/DUSY, Tanja: Fisch & Meeresfrüchte. Vielfalt aus aller Welt. München: Gräfe und Unzer, 2001. *[Mit inspirierenden Fischrezepten aus dem Orient und aus Asien.]*

BRUCKMANN, CLAUDIA (HG.): Kochkurs für Genießer. Desserts. [Edition Teubner] 2. Aufl. München: Gräfe und Unzer, 2007. *[Ultimatives Handbuch aller Dessertklassiker für Fast-Profis!]*

BRÜCKNER, GILLA: Weihnachten wie früher. Von Christbaumschmuck und Gabenbringern. Ostfildern: Thorbecke, 2006.

CRAMM, DAGMAR VON (HG.): Kochen für die Familie. 3. Aufl. München: Gräfe und Unzer, 2007. *[Praktisch und schön gestalteter Bildband von den Vorspeisen bis zu den Desserts, auch für Einsteiger geeignet.]*

DAVIDSON, ALAN/KNOX, CHARLOTTE: Fische und Meeresfrüchte. München: Droemer Knaur, 1991. *[Bibliophile Ausgabe mit warenkundlichen Texten und passenden Rezepten zu den vorgestellten Fischarten.]*

GUTHJAHR, MARKUSINE: Kräuterschätze zum Kochen und Kurieren. 4. überarb. Aufl. Hannover: Landbuch-Verlag, 2006.

KABELITZ, RALF: Die Poesie der vegetarischen Küche. Stark erw., vollkommen neu gestaltete Ausg. Baden und München: AT, 2004.

KIRCHHOFF, HERMANN: Christliches Brauchtum. Feste und Bräuche im Jahreskreis. München: Kösel, 1995.

KISSEL, RENATE: Aufläufe, Gratins, Soufflés. Blaufelden: Sigloch-Edition, 2000. *[Hochkalorische, aber herzerwärmende Winterküche für jeden Tag mit nachvollziehbaren und preiswerten Rezepten.]*

KOOPS, FRAUKE/BEER, GÜNTER: Salate aus Europa. Berlin: Feierabend, 2003. *[Eines der schönsten Salat-Kochbücher, die ich kenne!]*

LAURENDON, LAURENCE/LAURENDON, GILLES: Einmachen. Pikantes und Fruchtig-Süßes für den Vorrat. Mit über 100 Rezepten. Baden und München: AT, 2005. *[Praktisches und Informatives auch mit und über die Herstellung von Winterkonserven aller Art; appetitlich in Szene gesetzte, meist leicht nachzumachende Gerichte!]*

LAWSON, NIGELLA: How to Be a Domestic Goddess. Baking and the Art of Comfort Cooking. London: Chatto & Windus 2003. *[Dem Titel gilt natürlich ein Augenzwinkern!]*

MONTALIER, DELPHINE DE: Tartes & Quiches. Die 147 besten Rezepte. München: Christian-Verlag, 2006. *[Wer französische Lebensart liebt, wird in diesem schön gestalteten Bändchen viel Anregendes finden.]*

NORMAN, JILL (HG.): Kochen. Grundtechniken, Rezepte und Profitipps internationaler Meisterköche. London: Dorling Kindersley, 2005. *[Solides Handwerk mit wirklich wertvollen Anleitungen.]*

REYNAUD, STÉPHANE: Terrinen & Pasteten. Die 106 besten Rezepte. München: Christian-Verlag, 2007. *[Die Franzosen wieder! Kaufen und nachmachen!]*

SCHMEDES, CHRISTA: Weihnachtsbäckerei. Unwiderstehliche Rezeptideen für Plätzchen, Lebkuchen, Stollen & Co. 4. Aufl. München: Gräfe und Unzer, 2007. *[Klassisch gut!]*

SIMM, HANS-JOACHIM (HG.): Das Fest. Ein Lesebuch vom Feiern. München und Wien: Hanser, 1981. Spitzbüble, Anisbrötli, Bären-tatzen und weitere köstliche Familienrezepte. Weihnachtsbäckerei mit der Landesschau. Tübingen: Silberburg-Verlag, 2006. *[Plätzchen aus dem richtigen Leben!]*

ZABERT, ARNOLD: Backen. Die große neue Schule. Augsburg: Verlagsgruppe Weltbild, 2002. *[Für Anfänger zum Einstieg, für Könner als Nachschlagewerk.]*

Danksagung

Dank gebührt meinen Eltern Elisabeth und Alfred Kopp, die mir mit Rat und Tat bei diesem Buch-Projekt beistanden. Meine Mutter hat die »Kürbisstiele« und die Petits Fours für mich gebacken und damit – das Rezept für Erstere stammt von meiner Oma mütterlicherseits – eine von vielen kulinarischen Kindheitserinnerungen aufleben lassen.

Besonders bedanken möchte ich mich auch bei meiner Nachbarin Antje Hermann und deren Tochter Svenja: An vielen verregneten Winternachmittagen haben sie mir meine Tochter Anna Zoë abgenommen und ihr Kurzweil verschafft. Nur so konnte ich arbeiten.

Besonders verbunden bin ich Eugenie Schäfer, die mir zum wiederholten Mal ihre Moulinette ausgeliehen hat. Danke sage ich auch Tobias Bader für seine gewohnt unprätentiöse computertechnische Hilfe.

Nicht vergessen möchte ich meine Schwester Helga Kopp, ohne deren Meinung und genauen Blick ich einen Text nicht als »fertig« betrachten kann.

Allen mein herzlicher Dank!!!

Bildnachweis

aboutpixel: 18; Bridgeman Art Library: 12/13, 27, 58; Corbis: 57; Dressendörfer, Werner (Trew, Kreüterbuch der Elizabeth Blackwell, 1750–1773): 44, 51, 75; Finken & Bumiller, Stuttgart: 7, 8, 15, 17, 24, 29, 31, 33, 41, 43, 48, 52, 55, 61, 62, 67, 71, 73, 77, 79, 81, 87, 88, 90, 93, 94, 97, 98, 101, 104, 107; Stadtbibliothek, Trier: 68 (Mattioli, Kreuterbuch, 1611); Württembergische Landesbibliothek, Stuttgart: 20 (Krombholz, Naturgetreue Abbildungen ..., 1831–1846), 23, 34 (Fuchs, New Kreüterbuch, 1543), 37, 39, 47, 50, 65, 70, 76, 82, 102 (Weinmann, Eigentliche Darstellung ..., 1735); Verlagsarchiv: übrige Abbildungen.

Wir danken allen Rechteinhabern für die freundliche Genehmigung zum Nachdruck. Trotz nachdrücklicher Bemühungen ist es uns nicht gelungen, alle Rechteinhaber zu ermitteln. Wir bitten diese daher um Verständnis, wenn wir gegebenenfalls erst nachträglich eine Abdruckhonorierung vornehmen können.